彻 底 图 解 ！ 一

足球战不与阵形图解

思路解说、案例分析及训练方法

[日] 都并敏史 主编

张大维 金丹 译

人民邮电出版社

北 京

学习技术和战术的同时，还要发挥丰富的想象力

足球比赛定有胜负。要想取胜，就要努力得分、减少失分。这个道理适用于己，自然也适用于彼。比赛的胜负就取决于绿茵场上双方战术的较量。

这本书将为读者详细解说基本的足球战术以及更为具体的团队战术和个人战术，并介绍相应的练习方法。除此之外，由于笔者曾是一名边后卫，书中会有很多与边后卫相关的详细内容。

作为足球运动员，一些最基本的技术和战术必须得掌握好。但如果过于重视战术，不发挥自己的想象力的话，就很难取得胜利。最重要的一点是，要时刻想着"怎么做才能取胜"。希望各位读者在阅读这本书时能意识到这一点。

本书采用的体例

条目

以不同的条目来说明足球的基本思维方式以及足球战术，清晰易懂。

图解

通过图示来说明各种战术和训练方法等内容，生动形象。

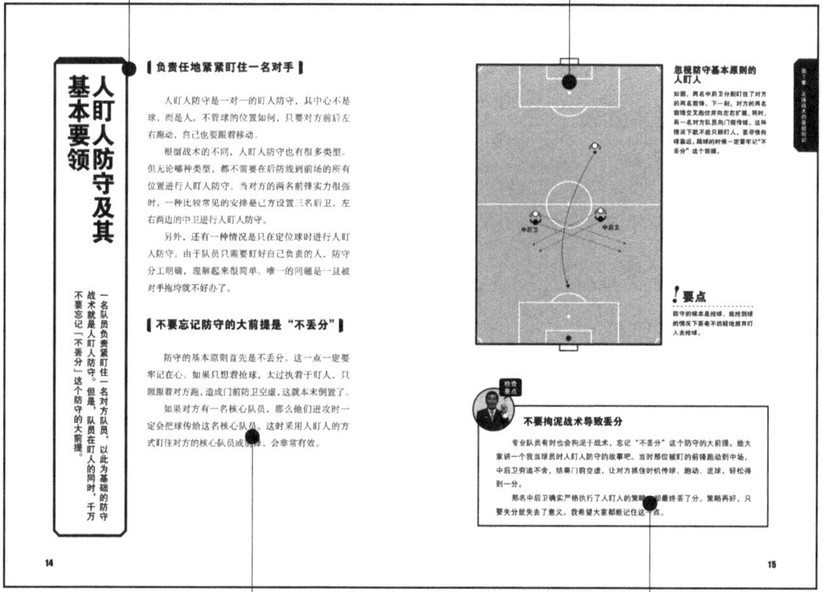

人盯人防守及其基本要领

一名队员负责紧盯住一名对方队员，以此为基础的防守战术就是人盯人防守。但是，队员在盯人的同时，千万不要忘记「不丢分」这个防守的大前提。

负责任地紧紧盯住一名对手

人盯人防守是一对一的盯人防守，其中心不是球，而是人。不管球的位置如何，只要对方前后左右跑动，自己也要跟着移动。

根据战术的不同，人盯人防守也有很多类型。但无论哪种类型，都不需要在后防线到前场的所有位置进行人盯人防守。当对方的两名前锋实力很强时，一种比较常见的安排是己方设置三名后卫，左右两边的中卫进行人盯人防守。

另外，还有一种情况是只在定位球时进行人盯人防守。由于队员只需要盯好自己负责的人，防守分工明确，理解起来很简单。唯一的问题是一旦被对手拖垮就不好办了。

不要忘记防守的大前提是“不丢分”

防守的基本原则首先是不丢分。这一点一定要牢记在心。如果只想着抢球，太过执着于盯人，只顾跟着对方跑，造成门前防卫空虚，这就本末倒置了。

如果对方有一名核心队员，那么他们进攻时一定会把球传给这名核心队员。这时采用人盯人的方式盯住对方的核心队员或前锋，会非常有效。

14

中后卫

中后卫

忽视防守基本原则的人盯人

如图，两名中后卫分别盯住了对方的两名前锋。下一刻，对方的两名前锋交叉跑位并向左右扩展，同时，另一名对方队员向门前传球。这种情况下就不能只顾盯人，要尽快向球靠近，踢球的时候一定要牢记“不丢分”这个前提。

要点

防守的根本是抢球，能抢到球的情况下要毫不犹疑地放弃盯人去抢球。

检查要点

不要拘泥战术导致丢分

专业队员有时也会拘泥于战术，忘记“不丢分”这个防守的大前提。给大家讲一个我当球员时人盯人防守的故事吧。当时那位被盯的前锋跑动到中场，中后卫穷追不舍，结果门前空虚，让对方抓住时机传球、跑动、进球，轻松得到一分。

那名中后卫确实严格执行了人盯人的策略，却最终丢了分。策略再好，只要失分就失去了意义。我希望大家都能记住这一点。

15

解说

详细解说足球的基本思维方式以及足球战术等要点，细致全面。

检查要点

有针对性地说明足球战术、训练方法、关键点和注意事项，使人印象深刻。

目录 ● CONTENTS

第 1 章 ● CHAPTER 1
足球战术的基础知识

第 2 章 ● CHAPTER 2
阵形和战术

第 3 章 ● CHAPTER 3
球队战术

第 4 章 ● CHAPTER 4
定位球战术

第 5 章 ● CHAPTER 5
边后卫的基本知识和战术

写在最后

CHAPTER 1 第1章
足球战术的基础知识

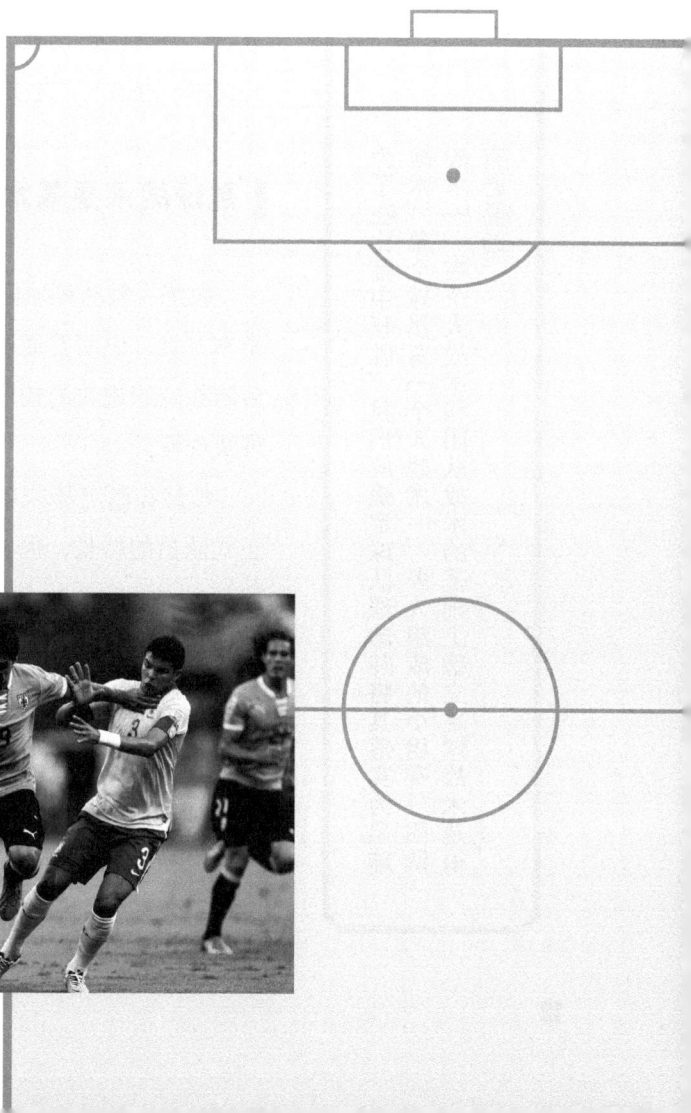

何谓足球战术

为了在比赛中获胜，我们应确定球队理念并将其落实为足球战术。单个球员有「个人战术」，多人组成的小组有「团队战术」。在个人战术和团队战术的基础上确立足球战术是很有必要的。

▌"心有灵犀一点通" ▌

足球比的不是比赛过程中球员的控球水平、传球个数或射门次数。足球是一项依靠球员们通力合作取得胜利的运动项目。

要想在足球比赛中获胜，只需要保证己方不断进球，防止对方进球就好。这个道理适用于己方，同样适用于对方。绿茵场上，两支球队每队 11 人，共计 22 人，人人都想着"我一定要赢"。如果每个人都只按照自己的想法去踢球，整个队伍就是一盘散沙。只有队员们朝着同一个方向努力，才能"心有灵犀一点通"，才更容易进球、取胜。

▌足球战术是基本方针的反映 ▌

教练、领队等球队负责人首先应向队员们说明基本方针，说明要通过哪种打法取胜，比方说是从后防线组织进攻的控球打法，还是通过高位逼抢实现快攻等。

教练在制定基本方针时，不仅要充分了解 11 名正式队员的特长，也要认清替补队员的特长。制定好基本方针后再考虑足球战术。足球战术要与基本方针所需的防守方法（包括盯人防守、区域防守等）、进攻类型相匹配。

▌足球战术不可或缺的个人战术和团队战术 ▌

基本方针还可以进一步细分。

足球中的战术

基本方针

如何才能取胜呢？教练应在摸清队员特长的基础上，决定球队的方向（基本方针）。例如，选择控球打法或紧逼打法等。其中，最重要的是，基本方针要和队员的能力水平相契合。教练不应不切实际地把自己的想法强加于团队。

足球战术

决定了基本方针之后，就要考虑对应的足球战术了。例如，如果决定偏重防守，就要确定防守型阵形。决定阵形的时候也要考虑每个队员的长处，尽量让每个队员都能发挥所长。在此基础上还要进一步细化战术，比方说采用怎样的防守策略（区域防守或盯人防守），在什么样的情况下进行抢断，抢断之后怎么做，等等。队员之间有了共识，团队才能发挥出最大的潜力。

团队战术

高位逼抢需要队员们展开合作，将对手逼至边线，压缩对方的阵形直至按照计划实现抢断。所谓团队战术，就是多名队员之间的协同行动。

个人战术

比方说，后卫通过观察分析对方控球以及接应队员的情况，及时移动到最有利的位置上实施抢断。这就是个人战术的一个例子。个人战术与团队战术的总和就是足球战术。

　　例如，进攻的时候可以通过两三人配合实现边路进攻。球队可以制定团队战术来深入练习这种方法。类似这样的团队战术的集合就构成了球队的足球战术。

　　除此之外，足球运动中经常出现一对一攻防的情况，球员需要随机应变，时攻时守。因此像假动作、迷惑对方的无球跑动这样的个人战术也很重要。为了使球员在一对一攻防中取得优势，有必要提高个人战术的质量。

　　由上面的内容可以看出，以个人战术为基础形成了团队战术，继而又形成了足球战术。追根溯源，这些都有赖于基本方针的存在。

人盯人防守及其基本要领

一名队员负责紧紧盯住一名对方队员，以此为基础的防守战术就是人盯人防守。但是，队员在盯人的同时，千万不要忘记「不丢分」这个防守的大前提。

▌负责任地紧紧盯住一名对手▐

人盯人防守是一对一的盯人防守，其中心不是球，而是人。不管球的位置如何，只要对方前后左右跑动，自己也要跟着移动。

根据战术的不同，人盯人防守也有很多类型。但无论哪种类型，都不需要在后防线到前场的所有位置进行人盯人防守。当对方的两名前锋实力很强时，一种比较常见的安排是己方设置三名后卫，左右两边的中卫进行人盯人防守。

另外，还有一种情况是只在定位球时进行人盯人防守。由于队员只需要盯好自己负责的人，防守分工明确，理解起来很简单。唯一的问题是一旦被对手拖垮就不好办了。

▌不要忘记防守的大前提是"不丢分"▐

防守的基本原则首先是不丢分。这一点一定要牢记在心。如果只想着抢球，太过执着于盯人，只顾跟着对方跑，造成门前防卫空虚，这就本末倒置了。

如果对方有一名核心队员，那么他们进攻时一定会把球传给这名核心队员。这时采用人盯人的方式盯住对方的核心队员或前锋，会非常有效。

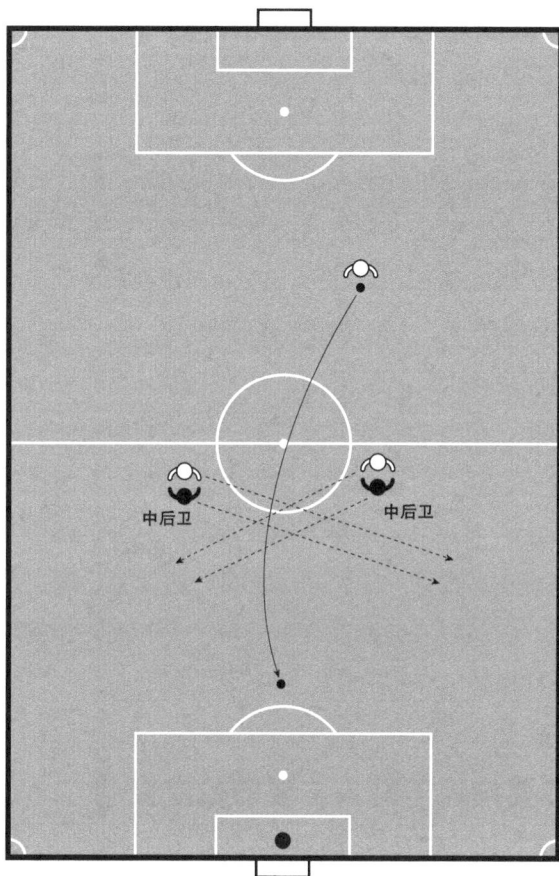

忽视防守基本原则的人盯人

如图，两名中后卫分别盯住了对方的两名前锋。下一刻，对方的两名前锋交叉跑位并向左右扩展，同时，另一名对方队员向门前传球。这种情况下就不能只顾盯人，要尽快向球靠近。踢球的时候一定要牢记"不丢分"这个前提。

中后卫　　中后卫

！要点

防守的根本是抢球，能抢到球的情况下要毫不迟疑地放弃盯人去抢球。

检查要点

不要拘泥战术导致丢分

专业队员有时也会拘泥于战术，忘记"不丢分"这个防守的大前提。给大家讲一个我当球员时人盯人防守的故事吧。当时那位被盯的前锋跑动到中场，中后卫穷追不舍，结果门前空虚，让对方抓住时机传球、跑动、进球，轻松得到一分。

那名中后卫确实严格执行了人盯人的策略，却最终丢了分。策略再好，只要失分就失去了意义。我希望大家都能记住这一点。

人盯人防守的优缺点

人盯人防守，理论看似简单明了，但在操作中，它对各个队员的细分判断能力要求很高，是一个难度较高的战术。归根结底，随机应变的能力最重要。

▌看似简单明了，实际不好教 ▐

人盯人防守时，最好配备三名后卫。左右两边的中后卫只要盯住对方的两名前锋就好，没什么复杂的任务。从这个角度看，与有时需要交接盯人目标的区域防守相比，人盯人防守可以说要简单许多。但在教学方面，人盯人防守要更难。

确定各个队员要盯的目标，中后卫不要过分追赶目标，必要的时候交接目标……这些理论性的内容很好说明。但在实际操作中，如果有一人因运球等原因盯人失败，就可能造成混乱。另外，如果全员都涌向球场的一边，球场的另一边就会出现空白区域。如果没有随机应变的球员，人盯人防守就不能发挥出其应有的作用。

▌不要拘泥于盯人，要随机应变 ▐

举个例子，以前东京绿荫足球俱乐部的中村忠在日本职业足球联赛（以下简称 J 联赛）打比赛的时候，一定会盯住名古屋逆戟鲸队的德拉甘·斯托伊科维奇。斯托伊科维奇也知道自己被盯得很紧，所以会很狡猾地跑动到球场两侧或中场低位位置。每当这个时候，中村都不再继续追下去，而是灵活应对，拜托附近的队友说："交给你们啦！"

如上所述，人盯人战术非常需要随机应变的能力。人盯人不是说只要盯人就好。

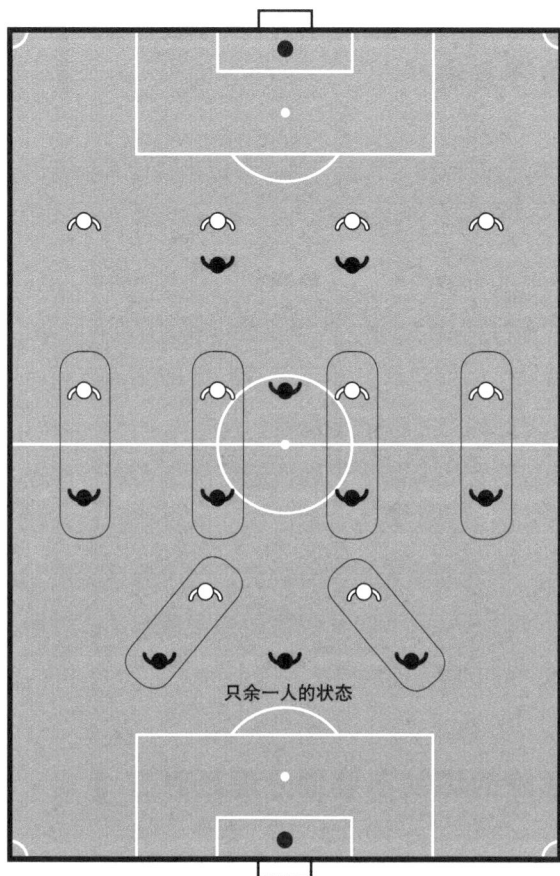

只余一人的状态

应对 4-4-2 阵形的各个位置的盯人

人盯人防守适用于有三个后卫的阵形，例如 3-4-3、3-5-2 等。如果对方是 4-4-2（平行中场）阵形，己方后防线上就多出一人。人盯人防守的问题是：有一处防守被破坏，周围人就得去填补，盯人就会出现偏差。为了预防这种情况发生，我希望后防线能始终保持多出一人的状态。

！要点

对方队员时刻都在跑动。作为中后卫，如果通过分析判断暂不盯人也没问题，就要敢于不去追逐对方目标。

检查
要点

进入防守状态后要严密盯人

在对方有一名前锋的情况下，设置四个后卫不容易进行人盯人防守。当对方前锋跑动时，己方一名中后卫也跟着移动。这样一来，门前区域会变得不规整。为了应对这个问题，边后卫会向正中间靠拢，加上剩下的一名中后卫，最终变成三个后卫。

人盯人防守也可以针对一名前锋安排两名中后卫盯人，在必要的情况下两人完全可以打声招呼进行交接。进攻的时候可以自由一些，一旦进入防守状态，任意一边的中后卫都必须压缩和目标之间的距离，严密地盯人。安全状态向危险状态转化的时候，反应的速度越快越好。

人盯人防守的训练方法（一）

在这里，我将为大家介绍一种有利于理解人盯人防守要领的基本训练方法：二对二。其要点在于建立共识共同防守，始终抱有两个人在合作防守的意识。

设定二对二的情景，学习基本的防守方法

无论何种练习方法，都必须以比赛情景为基础。在人盯人防守的基本练习中，教练负责发球，从二对二开始练起就好。任意一方的后卫稍微有一点走神就会失分。在"不丢分、尽可能抢球"这个大前提下，队员们可以通过反复练习熟悉对手的跑动方式，进而学习到相应的防守方法。

后卫首先必须意识到他们是两个人在合作进行防守。如果其中一人只顾盯人，一直追赶到高位，和另一人之间的距离就会过大，造成背后空虚。这时教练发球，对方另外一名前锋带球跑动，被留在原地的后卫就会面临巨大的压力。

危险的话就不要过分追赶对方

当前锋远离球门接球的时候，负责盯前锋的球员如果感到自己身后的区域有危险，就不用过分追逐对方，而应保持一定距离，进入危险区域并采取应对措施。虽然在盯人，中后卫也要关注相互间的距离。除此之外，中后卫也应积极主动地尝试抢球，而不仅是阻止对方向球门方向运球、阻断传球等，停留在预防失分的水平上。

作为后卫，认真观察教练和前锋的动向后，如果觉得能在传球瞬间抢断的话，就要毫不迟疑地冲到前方。

成功抢到球后也不要停下来，要向教练身后的

人盯人防守的训练方法①

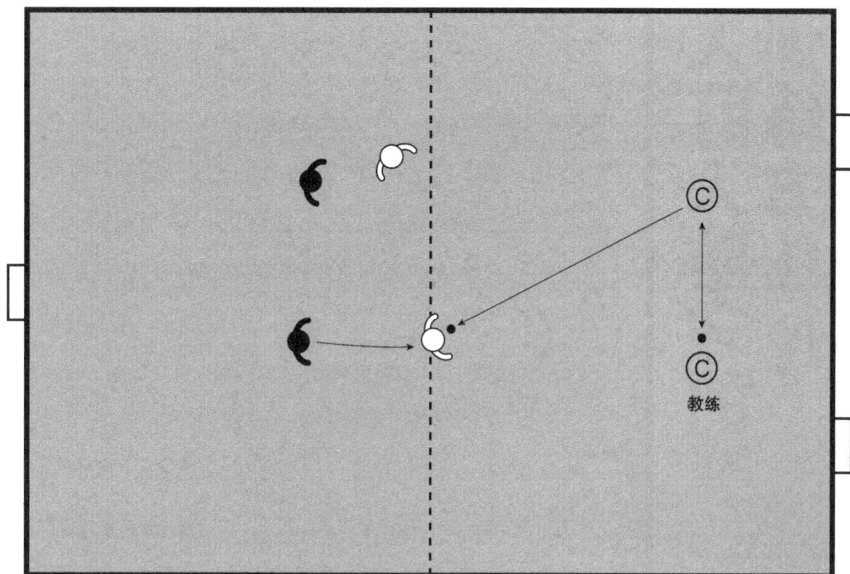

教练来回运球的时候，为了接球，前锋可以前后左右跑动。后卫进行盯人，只要基本上不失分就可以了。前锋的目标是通过运球和传球，实现合作进攻。防守方的目标是理解人盯人防守的基本要领。另外，成功抢球后要朝着教练身后的任意球门力争进球。

！要点

后卫抢到球后要尽快向着教练身后的任意球门努力进球。这也是一个练习纵深传球的好机会。

球门前进，力争进球。

想要高质量的练习，得有高质量的进攻

因为是人盯人防守的练习，所以达到一定水平之前可以不考虑越位的问题。这样就变成应对背后袭击的练习。教练可以设置多种条件为练习增加变化。

为了更好地训练后卫，实现高质量的练习，必须提高进攻的质量。前锋不仅可以接球，还可以跑动到后卫的身后进行袭击，或进行交叉跑位。当后卫的防守能力较强时，为了提高练习的质量，教练可以设置有利于前锋的条件。

人盯人防守的训练方法②

在人盯人防守的二对二训练之后，让我们一起来进行它的应用版——四对四的训练吧。在四对四的训练中，请认真观察对方传球者的动向，学会选择自己的盯人方法。

既要盯前锋，还不留空当

四对四是从二对二发展而来的练习。攻方增加两名传球队员，守方相应地增加两名盯防队员。如果说二对二是基本版，那么四对四就是应用版。为了营造比赛的氛围，也可让守门员参与进来。

后卫必须在关注前锋的动向的同时，注意观察带球队员及其盯守队员的动向。因为前锋为了接球要大幅度地跑动，但如果传球者被紧盯住的话，球就传不出来。这种情况下就没有必要费劲靠近前锋了。重要的是保持一定的距离，以便球向前锋传出的时候能采取应对措施。同时在盯人之外，还要注意和同伴之间的距离不要过远，以防形成空当。

增加守方的负担，反复进行训练

四对四的练习和二对二的练习一样，都可以通过设定各种各样的条件来提高难度。特别地，针对越位可以设置宽松的规定，尽可能地增加守方的负担。守方在盯人的同时，要思考什么情况下前锋会袭击背后，对方传球后要怎么跟同伴合作抢球。通过反复练习，在比赛中身体就能对这些问题自然地做出反应。

攻方要积极地给守方出难题

为了提高练习的有效性，锻炼守方的能力，攻方要积极地给守方出难题、设圈套。如果前锋裹足

人盯人防守的训练方法②

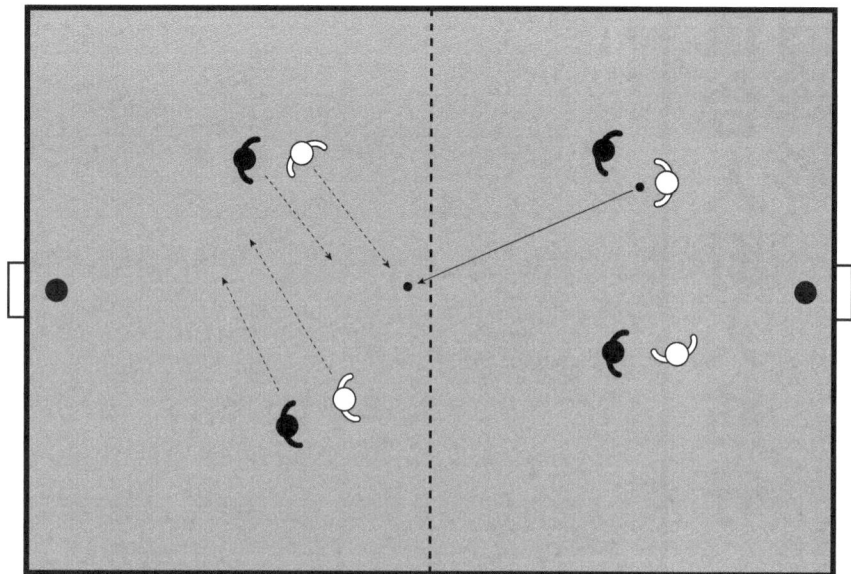

在四对四攻防中，攻方设置两名中场球员和两名前锋，守方设置中后卫和中前卫。场地两边都有球门和守门员。中前卫负责阻止传球，中后卫负责盯防两名前锋。由于狭窄的场地对守方有利，所以请采用 57m×43m 的场地。

！要点

为了迷惑中后卫，前锋要积极进行跑动。中后卫在盯人的同时，要保持好相互之间的距离，以免出现空当。

不前，攻方难以传球，球始终停留于进攻的一方，这个练习就失去意义了。

为了避免这样的情况，要给攻方设置各种条件。比方说，攻方要在接到球后的 7 秒之内射门。队员们要努力提高训练的积极性，而不是简单地理解练习内容。

适合人盯人防守的阵形

和区域防守相比，人盯人防守略显被动，对防守队员一对一防守的能力也要求较高。现在的主流是部分采用人盯人防守，例如在3-5-2阵形下，其三名后卫人盯人防守对方的两名前锋等。

人盯人防守中，负责盯人的队员要随着对方移动，因此防守的平衡很容易被打破。一方面，紧凑的阵形很难保持，另一方面这毕竟是一种受对方攻击的被动的防守方式。因此，相比需要有组织地进行防守的四名后卫设置，一对一防守能力水平要求更高的三名后卫设置更合适。

在对方有两名强力前锋的情况下，一对一防守能力强的后卫要分别对其进行盯防，根据"预留一人"的原则，一共需要三名后卫。当然，这时不需要所有的队员都进行人盯人防守。在中场和前场实行区域防守完全没问题。除此之外，还有一种情况是，只针对对方的核心队员进行严密的盯防。

通过抑制对方核心球员作用取胜的拜仁慕尼黑足球俱乐部

在2012～2013赛季欧洲冠军联赛中夺冠的拜仁慕尼黑足球俱乐部，在四分之一决赛与尤文图斯俱乐部对阵的时候，安排己方的中前卫路易斯·古斯塔沃、施魏因施泰格盯防对方的中场球员马尔基西奥、达比尔。也就是说仅在中场进行了人盯人防守。

如果对方有绝对的王牌队员，那么可以只盯防那名王牌队员。对于对方来说，如影随形的盯防无疑是件很令人头疼的事。

适合人盯人防守的阵形举例：3-5-2

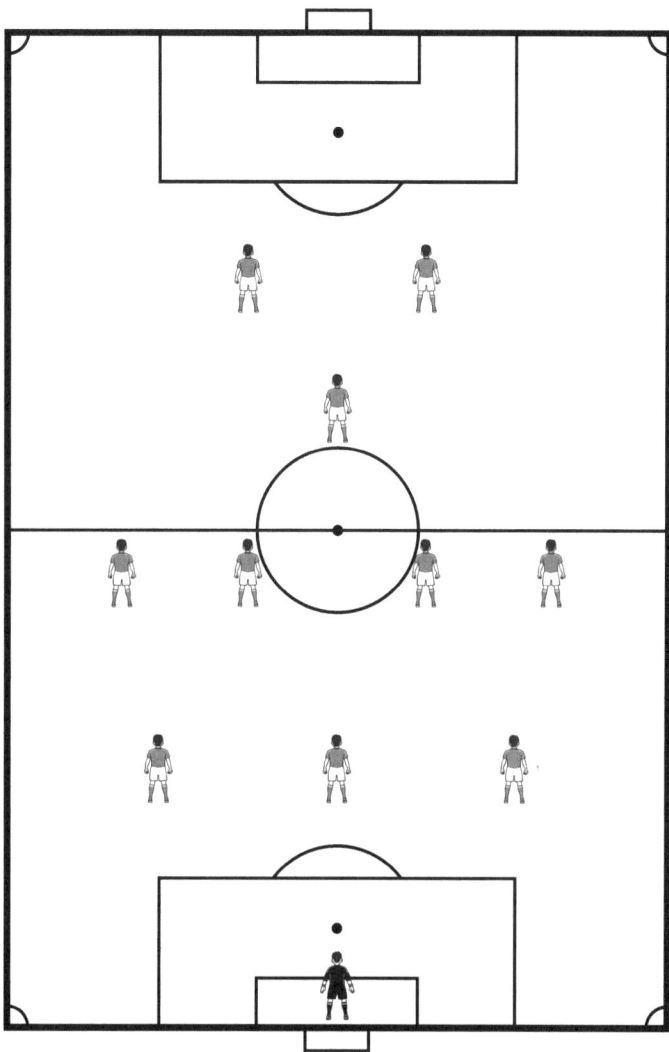

各个位置的球员在全场进行人盯人防守操作起来很难。现在基本上所有球队都是局部应用人盯人战术。其中最有效的模式是设置三名后卫盯防对方的两名前锋。左右两边的中后卫分别盯防两名前锋，剩余的正中间的中后卫预备补位。另外，当对方的核心队员位于中场的时候，可以交由任意一名中前卫应对。

每名队员负责防守一片区域并限制进入该区域的对方球员的行动，这就是区域防守的基本要领。其关键是不为对方以及球的动向所迷惑，实现和周围同伴顺畅的合作。

每名队员负责防守一片区域

所谓区域防守，是指每名队员待在自己负责防守的区域内，在对方球员进入该区域的时候压制其进攻的一种防守方式。区域防守的基本要求是平均分配球场进行防守。除此之外，如果能提前决定好在哪个区域抢球，队员们在踢球过程中就能心意相通，实现更好的合作。

面对进出防守区域的对方球员，队员们要和相邻区域的队友合作，必要的时候交接防守对象。如果每名队员都能防守好自己的区域，对手就没有可乘之机。重要的是，每名队员不仅要防守好自己的区域，还要注意照看周围的区域。当中后卫被引诱至右侧的区域时，相邻的中后卫要移动一个区域。同时，左边后卫也要移动一个区域，紧守正中进行补位。

除了队员间的合作，整体的防守组织也很重要

此外，在某些情况下，边前卫和中前卫需要从中场后退，对左边后卫留出的空位进行补位。

这时只要有一个人动作迟缓，就可能会形成空当，引发危险。对手水平高的话，极小的空当也有可能被突破，造成防守方失分。

区域防守实际上相当于团队整体铺开一张网，队员从进到网中的对方那里抢球，队员间的合作或团队整体的防守组织不完善的话，就不能很好地发挥作用。

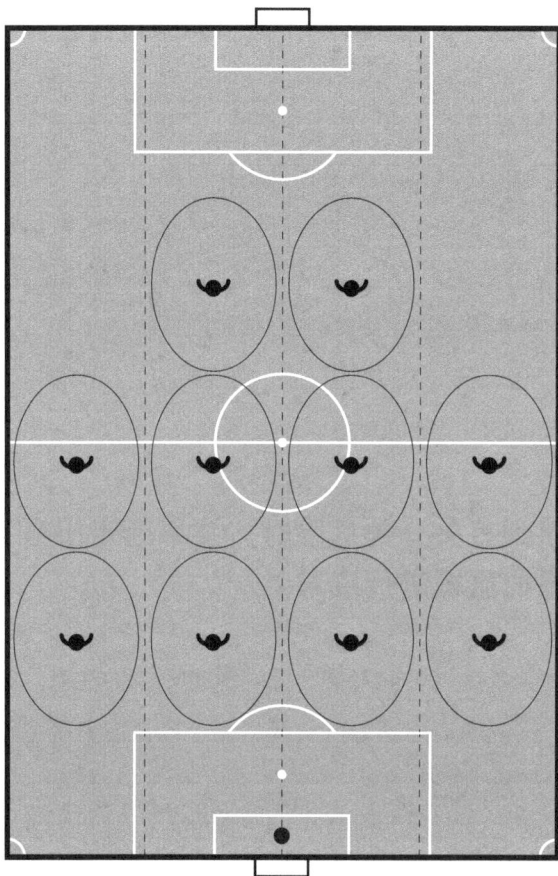

区域防守的基本要领

采用 4-4-2 阵形进行区域防守时，需要将球场纵向分割为四部分，每名队员对进入自己区域的对手进行防守。教练们还可以有其他不同的做法，例如将球场分割为五部分，让四名队员防守。当对手离开自己负责的区域时，队员只需将相应的防守任务交接给队友，切勿被对手带离自己的位置。比赛中，只要队员们能够保持合适的距离，就不会留出空当。

！要点

如果预测有失分的危险，队员可以离开自己的区域。请记住，比赛的大前提是不失分。

检查
要点

越区补位也很重要

假设对手正试图从边路带球突破至中路，最开始负责防守的是边后卫。在防守过程中，带球的对方球员进入到中后卫负责的区域。这时，一般边后卫需要将防守任务交接给中后卫。

但现实中，更有可能出现的情况是中后卫负责的区域中一开始就有对手存在。在一个区域存在两名对手时，边后卫可以继续追逐带球的对方球员。根据情况的需要，离开自己负责的区域互相帮助也是很有必要的。

区域防守的优缺点

当对方球员进入区域间的边界位置，或当多名对手进入一个区域时，区域防守就暴露了它的局限。但另一方面，区域防守具有易于开展有组织防守的优点。

队友之间不必谦让，喊出声来进行合作

站在进攻方的立场上来考虑，要破坏区域防守，就要瞄准区域的边界位置，包括后卫和中场之间以及边后卫和中后卫之间的区域。当球进入这些区域时，防守方绝对不能犹豫不决。队友们如果互相谦让，动作稍有迟缓，立刻就会被对方钻空子。

现代足球追求快速反应、快速转换。在比赛中，些微的动作迟缓也会造成致命伤。

感到有失分的危险时，要果断走出自己的区域进行应对

当多名对手进入一个区域时也要多加注意。在这种情况下，周围的队员要尽量予以援助，避免在人员数量上落于下风。

每名队员都有自己负责的区域，但这并不是绝对的。比赛是一个运动、变化的状态。我们需要优先考虑的是不失分，如果感到有失分的危险，就要毫不迟疑地离开自己的区域，进行必要的应对。这一点非常重要。

区域防守易于开展有组织的防守，易于决定何时抢球。队员们可以通过有效的合作，将对手逼至预先确定的区域内。一旦对手进入预先确定的区域，防守方要敢于放手一搏，进行抢球。如果能做到这些，就能阻止对手到达后防线，也就不需要担心区域防守的弱点了。

対手进入己方球员防守区域之间

两名对手侵入己方一名球员的防守区域

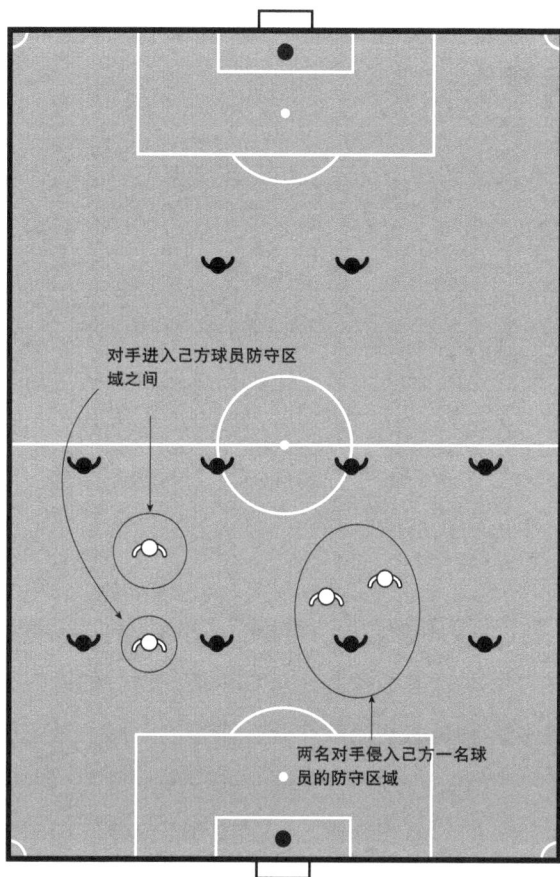

区域防守的弱点

当对方带球球员进入到各个区域的中间位置或区域的边界位置时，防守方很难进行应对。假设对方带球球员进入到中后卫、边后卫、中前卫和边前卫的防守正中位置，中后卫不应轻易跑出自己的区域，只要中前卫和边前卫返回进行应对就可以。另外，边后卫要始终注意防守中路。概言之，中后卫要尽量留在自己的区域内，边后卫、中前卫和边前卫要对其进行援助。

！要点

和队友协作，避免出现在防守区域交界处互相谦让，结果无人防守的情况，或者造成不必要的大家一拥而上的状况。

检查要点

阻断传球路线，就可拒球于区域之外

　　当一个区域进入了两名进攻方球员，或进攻方已经在某区域进行传球，防守方也有两名队员进行应对就好。虽然每名队员都有分配好的区域，但一个区域内的防守人数并没有限制。应该说在运动变化着的比赛当中，很少出现一个人始终防守一个区域的情况。

　　另外，还有一种防守方法是，观察对方的带球球员，破坏其传球路线。即使区域内进入了两名甚至三名对方球员，只要阻断了其传球路线，球就无法进入到这个区域。总而言之，请一定记得接近对方的带球球员。

区域防守的训练方法（一）

在这里，我向大家介绍一些基本的训练方法，帮助大家培养区域防守的感觉。最开始的时候，由四人建立防线，等宽地画线分割球场，分配好每人负责的区域，进行区域防守的训练。

四名后卫反复练习，掌握交接的基本要领

在区域防守中，队员们熟练掌握各自的动作技巧当然很重要，但有时需要他们交接防守目标等，所以队员们也需要掌握合作时的动作技巧。训练一般先设置四名后卫，从四对四的练习开始。

最开始的时候，为了让队员明确各自的区域，训练时应做好标记。进攻方应进行斜线运动，不断在区域间移动。防守方不应被对方的动作迷惑，而应和旁边的队员展开合作，对进出区域的对手进行防守。

在训练的初期阶段，重要的是养成这样的习惯：面对对手不穷追不舍，一旦对手离开自己的区域，马上干脆利落地交接给队友。交接的时候，一定要互相打声招呼，比如说"交给你了""没问题"之类的。通过队员们的通力合作，区域防守可以建立起牢固的防守组织。

密切关注进入区域内的和带球的对方球员

队员不仅要关注进入区域内的对方球员，还应仔细观察对方带球球员的动向。如果能紧盯带球球员，巧妙地阻断对方传球路线的话，对方就无法顺利传球。在这种情况下，最好使后防线前移。或者看到对方要带球过来的时候，主动跑出自己的区域，迅速与其他队员合作展开应对。

区域防守的训练方法①

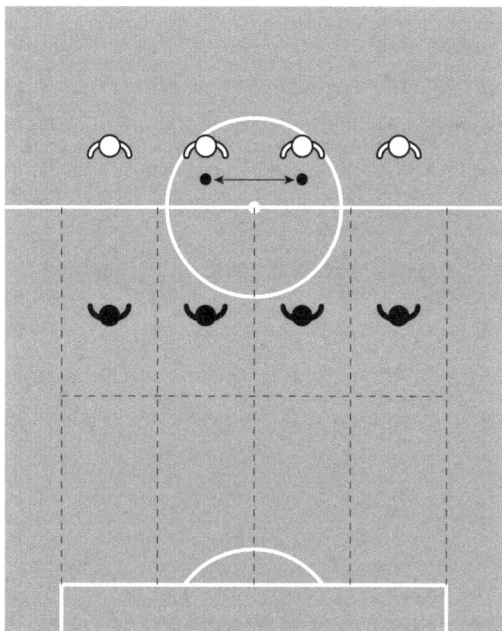

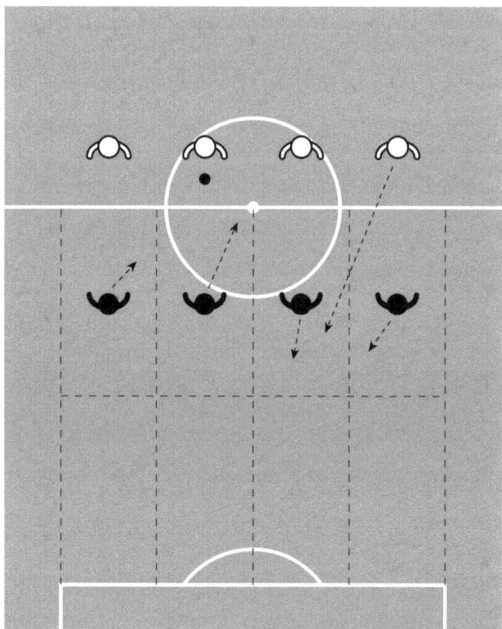

将半个标准场地分成四部分，每一部分的宽度大致与禁区相同。然后进行四对四的练习，球过防线计一分（有越位）。队员们均作为后卫进行训练，不使用两侧的空间，共同培养区域防守的感觉。防守方一名队员防守一个区域。进攻方横向传球寻找进攻的机会，可以尝试运球突破，也可以瞄准防守队员身后的空间。为了在短时间内实现高效的训练，可以添加一些条件，例如进攻方必须在 15 秒内进攻并突破防线等。

这幅图说明的是，当进攻方的一名球员斜向跑来时应如何应对。左侧的两人正在阻断传球路线。右侧的两人中，处于外侧的队员紧盯进入自己区域的对手，一旦对手离开就将其接给队友盯防。这种情况下，如果有对手进入到防线的后方，右侧的两人不用继续追赶，只需重新回到原来的位置保持防线，关注对方带球球员的动向，并在对方可能传球的时候跟上对方球员。

！要点

球没有被传到防线后的话，防守方要立即返回原来的位置。四个人通力合作，保持好防线，这一点非常重要。

有了区域防守的基本感觉，接下来可扩大每名队员的防守范围，进行二对二的训练。这个训练着重培养的是队员的距离意识。队员们注意不要被对手复杂的动作迷惑。

▌两人合作应对进攻▐

提高二对二练习的训练难度，将进一步提升队员们交接防守目标、保持防线的能力。因为场地大小不变，相当于防守方每名队员的防守范围扩大，应对进攻的难度随之增加。

训练时要有意识地培养防守队员的距离意识。防守队员要尽可能保持合适的距离，在高位的位置实现抢球。进攻方可以前后左右移动，巧妙地接应教练的传球。训练的重点是，当进攻方左右拉开距离或瞄准防守队员身后的位置进行交叉跑位时，防守方的应对方法。

▌进攻方左右移动或交叉跑位时的应对方法▐

进攻方左右移动时，防守方不必对其过分追逐。即使球在进攻方脚下，他们的位置离球门较远，威胁不大。就暂时把球交给进攻方控制，不慌不忙地应对就好。最不应该做的是不顾实际情况离开自己的区域进行追逐，结果在场地中央留出空当，让对方轻轻松松地钻了空子。

当对方的前锋进行交叉跑动试图深入防守队员身后的位置时，防守队员可以一直紧跟防守目标，直到不得不交接防守目标时为止——防守队员应在对手交叉跑动的瞬间完成防守目标的交接。运动过程大致可以归纳为"集中在场地中央→回到原来的位置"。"集中→归位"是区域防守的基本功，希望大家能够记住这个运动过程。

区域防守的训练方法②

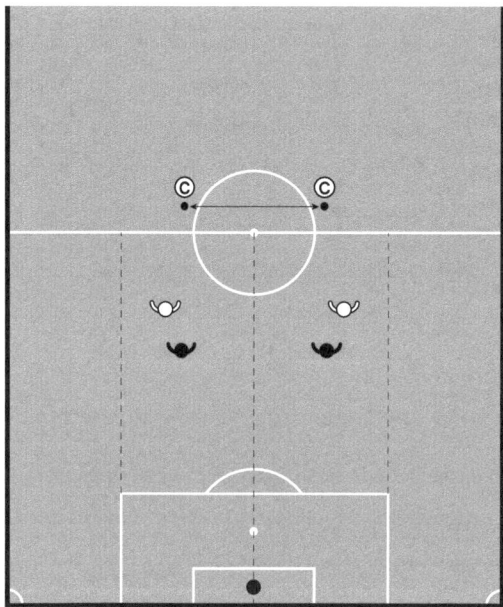

把进攻、防守双方的运动范围都限制在禁区的宽度，将场地划分为两个区域，设置一名守门员进行二对二的练习。相比四对四的练习，防守队员负责防守的区域扩大了。如果防守队员左右过于分散，中间就会留出空当，造成危险。因此，防守队员应尽可能地向中间靠拢，保持适当的距离。两名教练负责发球。在教练来回传球的过程中，进攻方的两名队员可以采用各种动作接应传球。

进攻方的两名队员正瞄准防守队员身后的位置进行交叉跑动。防守方的两名队员应在区域的边界进行防守目标的交接。防守队员在速度上不能落后于离开区域、进入区域的对手，在交接的瞬间要转身应对跑向外侧的对手。这个时候，教练可以传球，也可以不传球。如果教练不传球的话，进攻方可以再重新做一遍这些动作。训练时可以分别进行有越位和无越位的练习。有越位的时候，防守方的两名队员可以练习保持防线。

！要点

防守方左右移动的时候，注意前后之间的距离不要过大。训练时一定要有距离意识。

区域防守的训练方法③

接下来的内容是区域防守训练的升级版本。这次由四名队员在半个标准场地上，通过相互合作进行防守。可逐渐增加进攻人数，逐步提高训练的难度。

为了更加顺畅地合作，一定要喊出声来

通过在狭小场地上的反复练习，相信大家已经在一定程度上掌握了区域防守的基本要领。这次就来尝试在半个标准场地上进行防守吧。防守方的后卫人数是四人，进攻方的人数按"两人→三人→四人"的顺序逐渐增加，逐步提高训练的难度。

防守方明白动作要领后，应该逐渐学会喊出声来进行合作。与人盯人防守不同，区域防守依靠的不是紧盯对手。为充分发挥区域防守的作用，队员之间必须加强合作，在交接防守目标的时候相互打声招呼，进行交流。

相互间距离过大或防线凌乱时，一定要及时调整

在训练过程中，队员们的特长会逐渐显露出来。例如，有的队员富于领导力，有的队员能够按照指示准确移动等。教练应在训练中认真观察每名队员的特点以及队员间配合的默契程度。

这个训练的重点在于四名队员在左右或前后分散后，能不能迅速回到原来的位置。比赛中总会出现空当，防守队员之间总会拉开距离。缩短出现空当、拉开距离的时间有助于减少失分。相互之间的距离过大、防线凌乱时，一定要及时调整。理想状态是四名队员心灵相通，随时都在自发调整。

区域防守的训练方法③

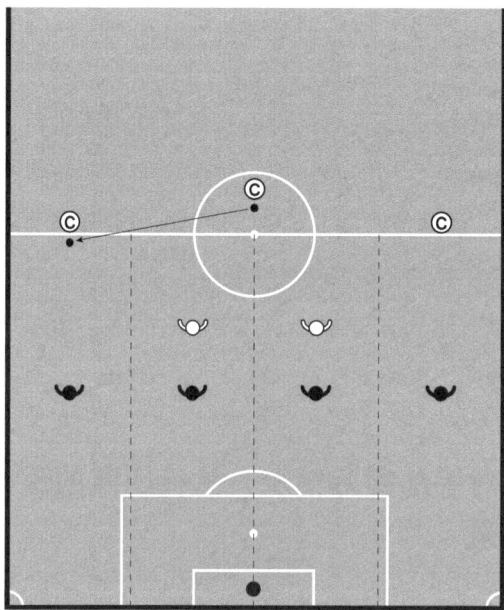

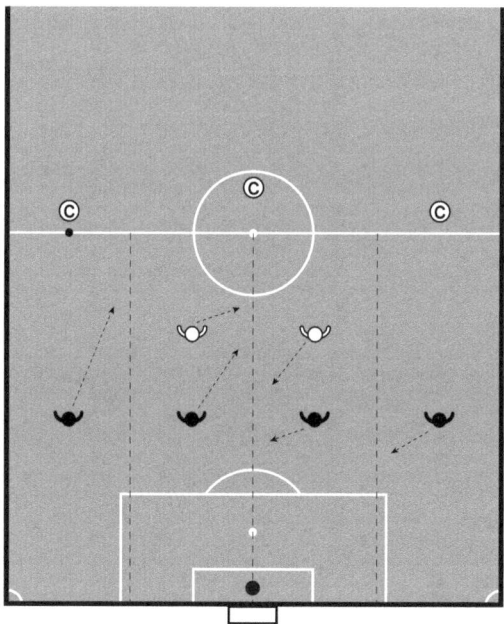

使用半个标准场地,加强四名后卫的合作。进攻方可以从两人开始,逐渐增加至三人、四人。教练负责发球,在中线附近不断横向传球。进攻方可以前后左右移动接应教练的传球,也可以跑入区域的边界位置,如边后卫和中后卫之间等。四名后卫要相互合作,在对手进入自己负责的区域时对其进行防守,对手离开自己的区域时交接给队友。同时,还要尽量保持适当的距离,不过于分散。

这幅图是四名后卫移动的一个例子。教练控制着球。进攻方的一名队员跑到中场准备接应传球,另一名队员正试图移动到防线之后。由于中后卫跑去追赶同一区域内跑到中场的对手,其身后就留出了空当。但同时,左边后卫为了阻断传球路线,右边后卫为了进行援助,都在向中央集中。如此,就可以阻止球进入防守区域。在确认球确实无法进入防守区域后,四名后卫应回到原来的位置。

！要点

通常来说,防守方应始终把注意力放在防守区域上,在球发出之后再进行移动。防守队员应认真观察对手的动向,不要过早采取行动。

适合区域防守的阵形

一般来说，4-2-3-1 阵形和 4-4-2 阵形有利于充分发挥区域防守的作用。当然，提高区域防守能力，使之无论在哪种阵形下都能发挥作用也很重要，但在练习之初，我还是希望大家能从基本阵形开始学起。

四名后卫，稳定又平衡

区域防守的优点在于队员易于决定抢球的时点。比较理想的状态是队员尽可能在高位的位置进行抢球，为此有必要从前场就加强防守。如果后防线是三名后卫，那么每名后卫负责防守的区域就比较大，对个人能力水平的要求自然也更高。

综合上述因素来看，区域防守在 4-2-3-1 或 4-4-2 阵形下更能发挥其作用。

结合对手的实际情况，执行团队的预设方案

团队事先决定好抢球的区域，统一队员们的意见，这一点很重要。区域防守并不意味着每名队员只要照顾好自己的区域就可以，它需要提前制定好一定的规则。例如，前场一旦移动前腰应如何应对，为了配合他们后腰又要如何移动等。

当然，也不能忘记对手的存在。在必要的时候要随机应变，在计划顺利进行的时候队员们要自发地相互配合，作为一个整体去抢球。这才是区域防守的真谛。

这种有高度组织性的足球战术在左右有宽度、前后有纵深的阵形中更容易实施。剩下的问题就是如何设置抢球的区域。这一问题随后还会详细说明。

适合区域防守的阵形举例：4-2-3-1

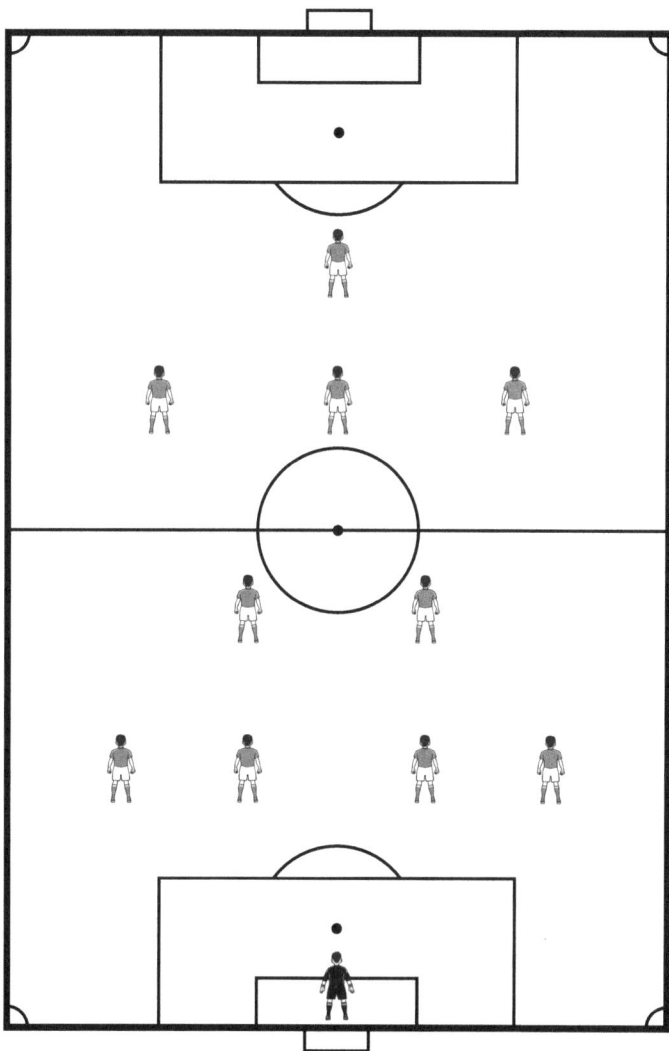

容易取得区域防守平衡的是 4-2-3-1、4-4-2 这样的四后卫阵形。
前者用一名前锋与三名中场球员合作，易于将对手逼至边路。后者用
两名前锋在中前场追逐对手，同样易于限制对方的传球路线。两者都
便于决定抢球地点。此外，这两种阵形下后防线四名队员的距离也比
较合适，方便决定各自负责的区域。

人盯人防守和区域防守的混合防守战术

有许多球队都采用人盯人防守与区域防守的混合防守战术。其基础是区域防守，部分运用人盯人防守。关键是不要过分拘泥于战术。

吸收人盯人防守与区域防守的优点

从现实情况来考虑，如果从前场到后防线全部采用人盯人防守，效率会很低。这种战术非常被动，又容易为对手所左右。另一方面，即使采用区域防守，在很多情况下也会变为一对一的对抗。如果对方从边路实施交叉跑位进入到后防线之内、球门之前，己方很难交接这2～3个防守目标。因此，在实际比赛中，很多球队都采用人盯人防守和区域防守的混合防守战术。

采用人盯人防守应对中场进攻

对于对方的纵向移动，也就是对方由中场向前场的推进，一般都采用人盯人防守来应对。多名对手进入到中后卫或边后卫的区域，或中后卫、边后卫被对方带离自己的区域，结果留出空当被对方钻了空子，这些都是纵向移动的例子。这时，后腰不能放弃，应紧跟防守目标。

J联赛的浦和红钻俱乐部和广岛三箭俱乐部的中后卫都是进攻性的后卫。某种程度上可以说是前场的队员在跟着中后卫跑。对方的后腰参与进攻也是一样的道理。面对纵向移动，将防守目标交接给后卫当然没有问题，但这样一来，极有可能会造成后防线上的人数不足。为确保防守体系的稳定，最好还是由中前场的队员来应对纵向移动。

尤文图斯

马尔基西奥

路易斯·古
斯塔沃

拜仁慕尼黑

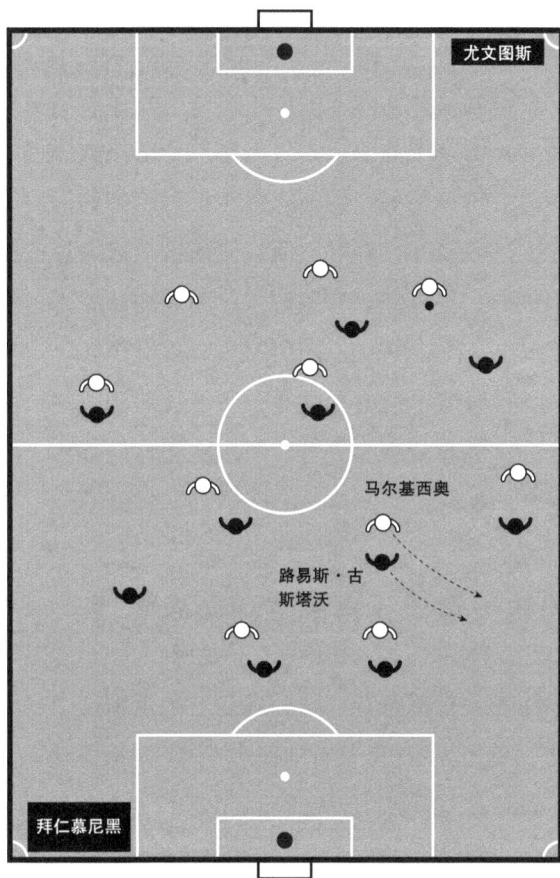

人盯人防守和区域防守的混合防守战术

在前场，两名前锋和边前卫正通过紧逼压迫，将对手的带球路线挤压到边路。边后卫也移动到了高位的位置进行支援。这时，由于对方的前腰试图跑进边后卫身后的空当，后腰对其进行人盯人防守。就像这样，许多球队虽然大体上是区域防守，但面对纵向移动时通常用人盯人防守来应对。

！要点

后腰的移动造成球场的中间地带出现空当。这时周围的队员可通过横向或纵向的移动进行补位。

检查
要点

一些跑位需要采用人盯人防守来应对

前文也曾简单地提起过，在 2012 ～ 2013 赛季欧冠联赛四分之一决赛拜仁慕尼黑对阵尤文图斯时，拜仁慕尼黑巧妙地混合运用人盯人防守和区域防守，成功地遏制了尤文图斯的进攻。

克劳迪奥·马尔基西奥在尤文图斯担任前腰，他跑动能力出色，尤其擅长利用边路的空当。因此，拜仁慕尼黑虽然基本上采用的是区域防守，但针对马尔基西奥，专门安排时任后腰的路易斯·古斯塔沃对其进行人盯人防守。

比人盯人防守和区域防守更重要的基本原则

到现在为止，我们已经了解了人盯人防守和区域防守的基本知识。但说到底，这些都只是手段，不是目的。为了避免失分，应时刻保持紧凑的状态。这才是最基本的要求。

防守的大前提是不失分

不失分是防守的大前提。比赛中有很多事情都很重要，比方说高位压迫、限制对手的进攻方向、阻断对方传球路线、创造人数上的有利条件、盯人防守、区域防守，等等。但这些事情的最终目的都是不失分、多进球。有些时候，就连团队战术、小组战术也必须让步于这个最终目的。

所有事情中最重要的是，不能让对手进球。多失一分，胜算就减少一分。所以比起球队战术、团队战术，首先应确立"一分不让"的坚强意志。

先统一意识，再确立球队战术

每名队员都要有"一分不让"的意识，"一分不让"应该成为球队共有的理念。这不是理想状态，而是最基本的原则。应先在团队中推广"一分不让"的理念，再讨论球队战术、团队战术等问题。

问题得到解决后，失分自然会减少

在这里，我要讲述一个至今还活跃在J联赛中的守门员的故事。有一次，他向教练层提出："我们几乎还没有专门应对中场进攻的对策。我觉得我们应该事先制定好对策。"这是一个专业的足球俱乐部，"一分不让"的理念已经高度普及。但当时就团队战术来说，球队在很多地方都还有欠缺。

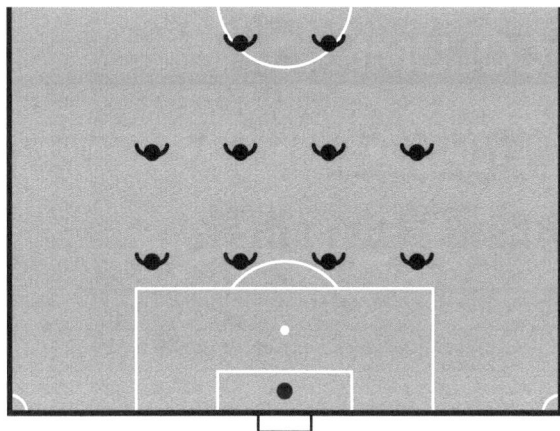

防守严密的"拳头"的状态

即使边路被突破，因为边路到球门有一定的距离，所以还有时间进行应对。但是若中路遭到突破，可能马上就丢球了。因此，全体队员应保持阵形严密，避免在中路出现空当。保持阵形严密时，整个球队仿佛是一只握紧的拳头。

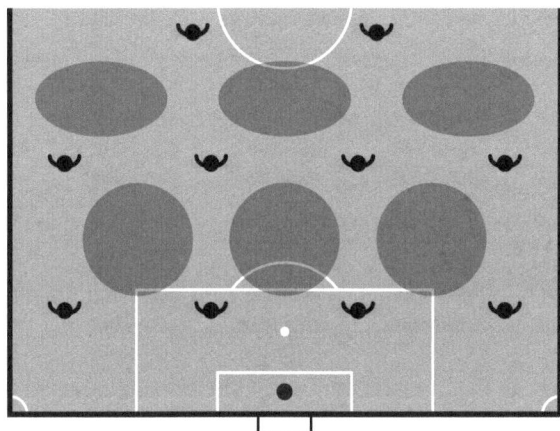

防守松弛的"布"的状态

前锋、中场、后卫之间，后卫与后卫之间，后腰与边前卫之间等，各球员之间都有比较大的空当，场上的所有地方都处于危险状态。可能出现对方传球→己方慌忙应对→应对不及时对方成功施展出战术→己方再次慌忙应对的状况。己方就这样陷入了被动。如果己方在比赛中因为某种原因阵形宛若松开的拳头，如"石头剪刀布"中的布一样时，应迅速回到拳头的状态。

　　根据这名守门员的建议，球队制定了针对中场进攻的对策，大大减少了失分的发生。在统一意识的基础上完善球队战术，其效果非常显著。

编者的观点①
用简单的语言进行指导

是否应该在孩子小时候趁早教授他们足球战术？

对此，有人支持有人反对，我本人持支持态度。

不过我认为在教授时，有一点很关键，就是一定要用简单的语言，让他们便于理解。

比如说向孩子们传达"进攻型的站位""防守型的站位"等概念时，可以使用"比球的位置靠前一点的地方""回到靠后一点的位置"等易于理解的表达方式。

这样便可以达到战术指导的效果了。让孩子们进行防守型的站位时，也可以说"回到能看到队友背后号码的地方"。

用复杂的术语进行轰炸，只会让孩子们感到困惑。教练必须时刻思考如何让球员们在场上焕发活力，他们要努力让球员们通过一次次的胜利来获得自信，体会团结的重要，掌握摆脱困境的技术。

不要陷入自我满足的状态，教练要努力培养下一代的队员们。

CHAPTER 2 第2章

阵形和战术

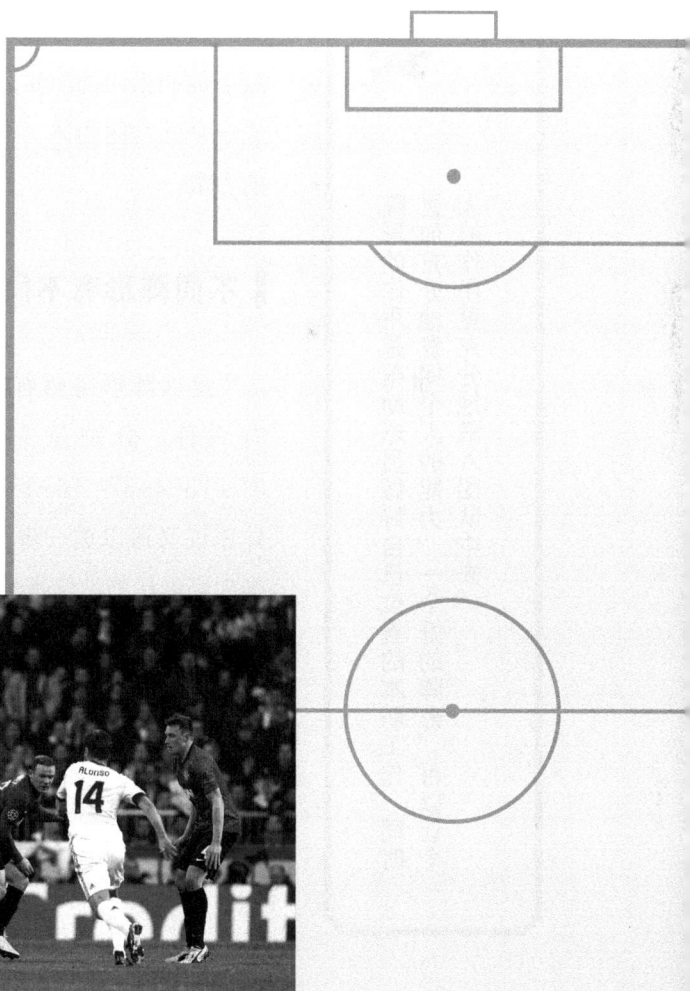

为什么足球需要有阵形

阵形的作用是帮助球员做好自己位置的本职工作，同时更加充分地发挥个人的能力。一个好的阵形，可以让个人的作用更充分地融入团队中去。

根据球员的特性，为其分配合适的位置

要赢得比赛，就要努力得分，同时避免失分。但是，你的对手也是这么打算的。这时就需要有意识地发挥己方的能力，不让对方得逞。

比赛中是否可以让球员们随便选自己喜欢的位置，按照喜好踢球？其结果可能是场上全是空当，被对方一个接一个地进球。

每一个球员都有其独特的个人属性，包括他们的性格和技术能力。每个人都有最适合他的场上位置。教练必须将各球员部署到适合他们的位置，并赋予他们相应的职责。只有这样，个体才会被整合成一个强大的团体，个人的力量汇聚成为队伍整体的力量。

不同阵形有不同特点

足球阵形是随着时代变化的，现在常用阵形有六种，分别是"4-4-2""4-2-3-1""4-3-3""3-4-3""4-1-4-1"和"3-5-2"阵形。具体来说又可以进一步细分。比如"4-4-2"可以根据中场球员的站位是一字排开的平行站位还是蝶形、菱形，来进一步细分。

此外，不同的阵形各有其特点，同一个位置在不同的阵形中其职责也是不同的。

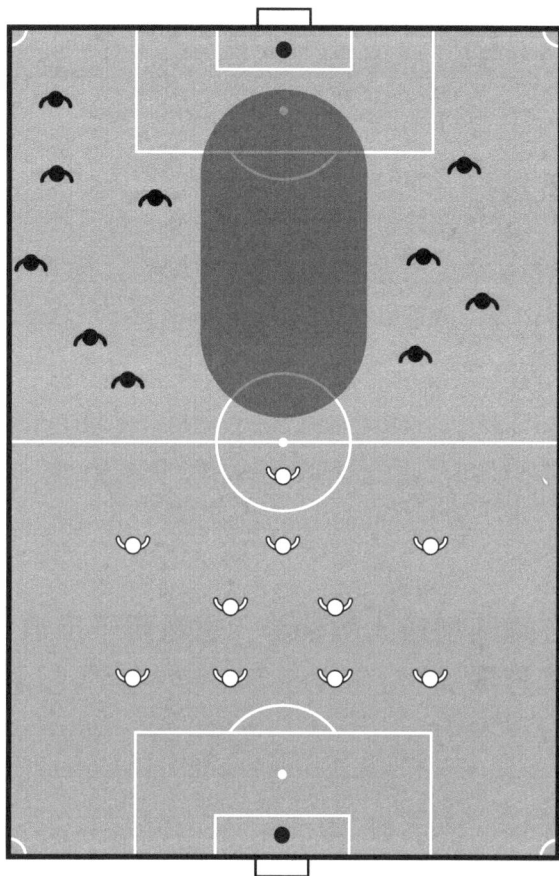

白色的队伍做出 4-2-3-1 阵形，从后防到前线都均衡地部署了人员。相对地，黑色队伍各球员的站位十分无序，中央甚至出现了一个巨大的空当。在这种状态下，黑色队伍很难有效防守。没有阵形和战术，队伍发挥不了应有的作用。

！要点

这场十一对十一的比赛中两队阵形有明显的不同。当白队进攻时，黑队将难以抵挡。

▌保持明确的意图在比赛中求胜 ▌

　　各个位置应尽的职责，我们会在详细说明各阵形时进行介绍，但是本书只能举一些例子进行分析，在实战中如法炮制可能会有不同的结果。同一种阵形可以用不同的踢法，让其产生新的效果。

　　最重要的是赢得比赛。队员应想方设法让自己保持清醒的头脑，以明确的意图为指引，摧毁对方的阵形。

后防、中场、前场球员形成三条线，各球员在比赛中要时刻注意彼此之间的距离，保持紧凑的阵形。中场采用平行站位的4-4-2阵形，不易给对手进攻的空当。

▌建构坚实防线，消灭己方空当▐

该阵形均匀地将球员布置在各个位置，让球员更容易把握彼此的间距，是一种适合防守的阵形。对手会设法寻找空当进攻，而该阵形可以有效避免己方出现空当，给对手可乘之机。这种阵形防线坚固，丢分的风险较小。因此，重视防守的教练们经常采用此阵形。

J联赛中，松田浩教练曾带过的栃木SC俱乐部就采用这一阵形。过去曾执教大宫松鼠、神户胜利船、甲府风林的三浦俊也也偏好这一阵形，擅长打造防守强队。

▌在边路创造人数优势，也适用于压迫式打法▐

足球比赛中边路进攻非常常见，而中场平行站位的4-4-2阵形的边路没有空当。边后卫和边前卫自不用说，边前卫和中场的距离也很近。因此很容易在边路形成数量优势，不给对方可乘之机。并且此阵形下更容易实施压迫式打法，可将带球来攻的对手逼到边路，阻断对手的传球路线或抢断等。

此时抢断后，己方边路具备人数优势，可以迅速展开反攻。如果己方有擅长纵向突破的边锋将事半功倍。

▌该阵形适合区域防守▐

4-4-2阵形中保持各球员的间距非常重要，因

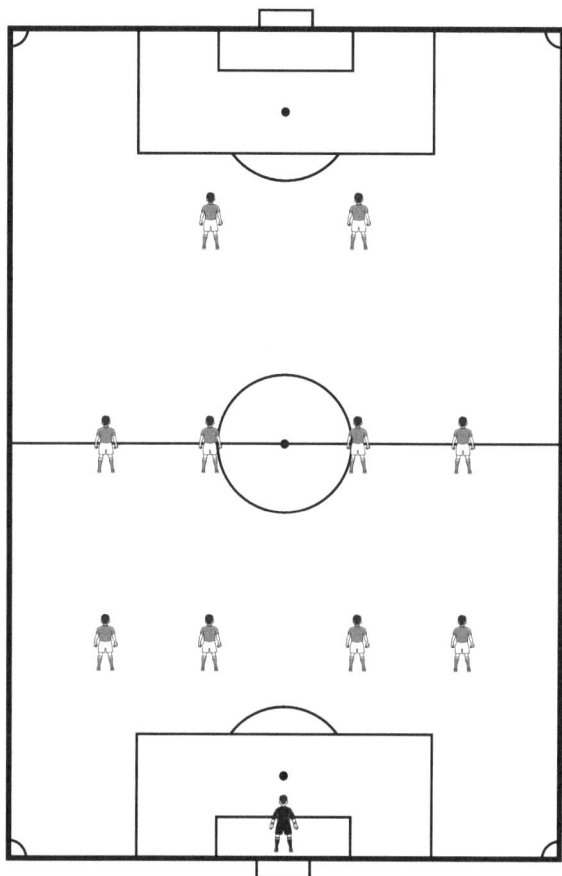

4-4-2（平行中场）的特点

因为要组成后卫、中场球员、前锋三条线，比赛时要把握好彼此的间距，因此应采用区域防守的方式。该阵形的中场和后防没有空当，非常适合防守。同时各球员间距较近，便于互相支援。此阵形还有一个优点是己方在边路很容易形成人数优势。进攻时的要点在于有效利用两侧边路的空间。

！要点

各队员在各自的防守区域要有绝不能被突破的意识。同时也要有支援周围队友的意识。

此适合采取区域防守的方式。 从前场向对手施压时，若对手中后卫带球，己方前锋可以将其向边路压迫。当对手中后卫被迫将球传出时，己方边卫和中场球员可迅速做出反应，封堵其传球路线。

封堵传球路线分两种，封堵纵向传球路线和封堵横向传球路线。若球员之间保持合适的距离，每个人认真完成自己的职责，就可以实现高效的抢断。

反过来说，如果球员不能有效配合联动，这个阵形就发挥不出应有的作用。比如，若前锋拼命追赶对方带球队员，而中场、后防球员没有有效配合，会导致后防队员和前锋间的距离越拉越大，难以有效封堵对方的传球路线。

在边路创造人数优势，也适用于压迫式打法

观察战况，判断当下是否应该施压的重要工作比较适合后腰。因为后腰的位置保证他具有良好的视野，可以纵览全局。如果他判断现在施压可以抢断，则应迅速向前场队员做出指示，其他队员要迅速对后腰的指示做出反应，全队配合向对手施迫。该阵形有一定的组织性，各球员必须时刻有意识地与周围队友保持合理距离。

两名前锋除要有进攻能力外，还要对防守有所贡献

4-4-2 是一个重视防守的阵形，它对各个位置的球员的防守能力都有较高的要求。两名前锋中需要有人"关照"一下对方后腰。若由己方后腰去应对对方后腰，那么己方后腰的防守区域就会出现空当，为了弥补这个防守漏洞，己方边前卫必须向中间靠拢，这样边路又会出现空当。就这样，为了弥补最初的空当，整个阵形都会变形。

与其这样，不如由两名前锋中的一人去盯对手的后腰。这样防守时两名前锋的位置就会变成一前一后，变成 4-4-1-1 阵形。

边前卫要向前突破

该阵形需要优秀的边前卫，他在防守时要和边后卫一起守紧边路，进攻时则要有强大的带球向前突破的能力和准确的传中。他还需要以很高的积极性参与球门前的进攻，甚至自己来射门。如果一个边前卫能具备冈崎慎司那样的运动量、决断能力、防守能力，又有酒井宏树的纵向突破能力、精准的传中，就可以更加充分地发挥这个阵形的威力。

相反，若是边前卫缺乏进攻能力，则前锋会孤立无援，不得不孤军奋战。因此这一阵形需要既擅长攻又擅长守的边前卫。

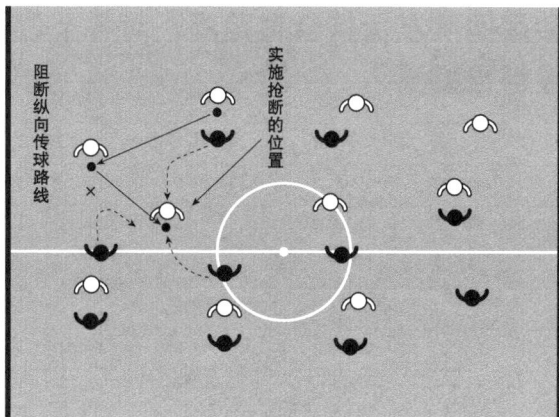

4-4-2 的防守①阻断纵向传球路线

前锋施压，迫使对方带球的中后卫将球传向外侧。对方将球传给边后卫后，己方边前卫迅速封堵其纵向传球路线，同时追赶过来的前锋阻止其将球回传给中后卫。这时，对方边后卫唯一的传球路线就是斜向将球传出。在其将球传出的瞬间，己方边前卫、后腰、边后卫迅速将其包围抢断。

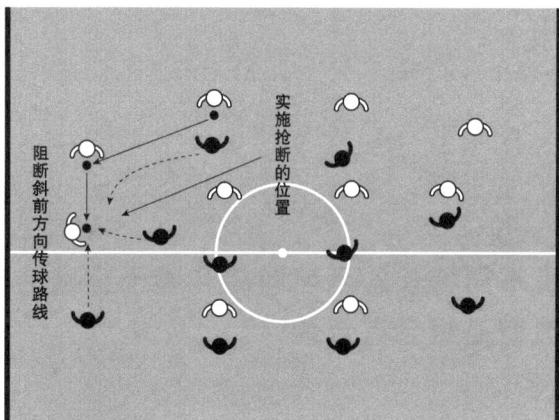

4-4-2 的防守②阻断横向传球路线

对手将球传给边后卫时，己方边前卫不去封堵对方的纵向传球路线，而是封堵其斜向向前的传球路线。前锋阻挡对方将球回传给中后卫，这样，对方只能纵向向前传球。在对方将球传出的一瞬间，迅速抢断。不管是阻断横向还是纵向的传球路线，共同之处就是不能让对方回传。

检查
要点

要避免中央被突破，就选择阻断横向传球路线

  阻断纵向传球路线需要在球场中央进行抢断，因为距球门较近，一旦失败，被进球的风险很高。而且中路往往都是脚下技术高超的球员，这样看风险就更高了。即便如此，还有球队采取这种阻断纵向传球路线的方式，如德国多特蒙德俱乐部和日本女足。他们都是在靠前的位置使用这种方法，并在成功抢断后打快攻。

  另一方面，南美的球队多采用阻断横向传球路线的方式。因为一旦中路被突破真的很危险，从安全的角度来看，采用这种方法也是理所当然。

4-4-2（平行中场）各位置的职责

使用中场平行站位的 4-4-2 阵形，在比赛时需要保持好后卫、中场球员、前锋三条线。此外边前卫需要具备纵向突破能力，他在这一阵形中负有重要职责。

和周围队友保持合适距离，对各个位置都很重要

后卫、中场球员、前锋呈三条直线站位，彼此间维持合理距离十分重要。特别是中后卫和中前卫，因为他们需要留意前后左右，观察场上局势，注意攻守的平衡和左右平衡。

当然，队员上场的根本目的是赢得比赛，因此防守队员要优先考虑不丢分，进攻队员优先考虑得分。比如门前最后的防守者——中后卫，在球门前的一对一交锋中绝不能输给对方。场上对后卫、中场球员、前锋三线的保持，各种策应等都是为了达到不丢分的目的。

有不同特长的两名前锋和善于突破的边前卫组合有奇效

中前卫不仅要能适应前后左右大范围跑动的运动量，还要有优秀的判断能力，考虑全队的情况，进行合适的跑位。此外，这一阵形中边前卫有重要作用。为了有效利用前方的空间，最好在边前卫的位置上部署善于纵向突破的球员。

两名前锋最好安排具备不同特长的球员，比如一名善于控球，一名速度飞快善于突破，这样将不同特长的球员组合在一起，效果更好。

有时在进攻时，不等中场的支援到位，直接由两名前锋发起进攻更好。如果两名前锋联手可以成功地任意摆布对手，那么直接以较少人数实施快攻也未尝不可。

4-4-2（平行中场）各位置的职责

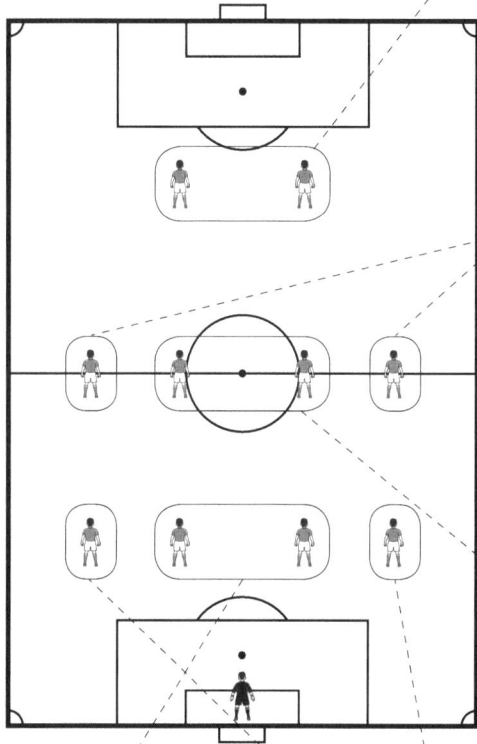

前锋（双前锋）

防守时，其中一人将对方带球的后场球员向边路压迫。当其将球传向边路后，则阻挡回传路线，绝对不能让对方边路球员将球回传。另一名前锋也选择合适的站位。进攻时，两人协作积极进攻，不浪费时间，迅速攻门。这个位置需要决断能力、控球能力和精准的传球能力。

边前卫

首先需要有高超的防守能力。同时也需要积极有效地参与进攻，虽然他参与进攻位置过于靠前可能导致己方边路陷入人数劣势。此外他还需要向前突破的能力以及精准的传中。无论进攻防守，这个位置都要有左右胜负的能力。

中前卫

需要广阔的视野和大运动量的位置。防守需对场上情况做出预判，对周围人做出指示。若队员间距太远，前场的球员即使拼命追赶带球的对方球员，仅靠自己也无法给对方施加足够的压力。这个位置的球员需要把握全队的平衡，因此除了高超的技术外，还需要有判断能力和决断能力。

中后卫

对防守球员来说最重要的是不被对方进球。如果专注于维持阵形，而耽搁了对对方前锋的应对那就本末倒置了。当对手射门时，应迅速上前用身体阻断其射门路径。当然，也需要精妙地维持阵形，这样可以提前将对手逼退，而不用在门前仓促应对。

边后卫

对这一位置来说，虽然参与进攻也很重要，但首先要做好防守。比如不能让对手顺利传中，也不能让其自由地带球突破等。参与进攻时和边前卫协同，有时也可以突破到对方阵地深处。当然，也需要有精准的传中能力。

当 4-4-2（平行中场）对阵其他阵形

中场平行站位的 4-4-2 可以有效应对 4-2-3-1 等阵形，但是若对阵菱形中场的 4-4-2 等阵形，会因难以盯防对方的后腰和进攻性中场而处于劣势。

己方有阵形，对方也有阵形。虽然双方都是从已有的阵形、战术中选择自己需要的，但很少出现双方阵形、战术雷同的情况，绿茵场上的交锋是复杂多变的。

就像本书最初介绍的，足球阵形除了 4-4-2（平行中场）外还有很多种。即使同是 4-4-2（平行中场），也有许多不同的踢法。所以有时事先准备好的战术完全不适用于场上情况，必须在比赛中随机应变。

这意味着教练和球员们必须灵活应对比赛中发生的各种突发情况。

赛前分析对手，事先制定对策

赛前对双方的阵形、战术进行分析，可以在一定程度上预测比赛中可能发生的情况。4-4-2（平行中场）阵形适合防守，特别是在边路很容易形成人数优势。若对手是 4-2-3-1 阵形，因为双方边路球员人数相同，己方比较容易制定对策，踢起来也会比较容易。

相反，若对方是 4-4-2（菱形中场）阵形，己方要防守对手的后腰和进攻型中场，若是交接不畅，很容易丢失盯防目标。要避免在中场陷入人数劣势。

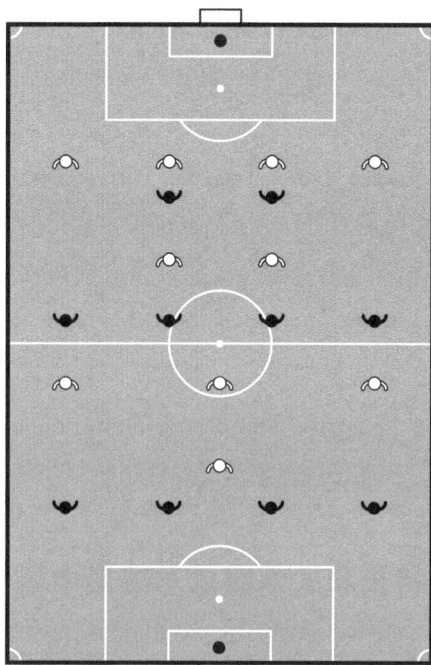

适合应对的阵形：4-2-3-1

不管什么阵形，防守时都要注意，遭遇对方的带球球员时，应迅速决定己方应当由谁盯防，这一点绝不能犹豫。应当根据情况，由所处位置最合适的球员迅速将其逼向边路，同时封堵其传球路线，伺机抢断。在对阵 4-2-3-1 阵形时，可由两名前锋中的一人将带球对手逼向边路，此时附近有多名队友可以支援，很容易形成人数优势。另外当对方的后腰参与进攻时需要格外注意。

要点

防守要稳健，进攻要富于变化。可用一些大胆的动作迷惑对手，让进攻富于变化。

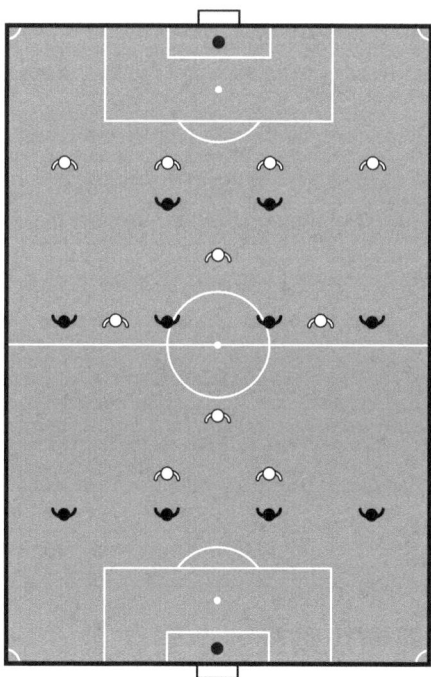

不适合应对的阵形：4-4-2（菱形中场）

保持稳定的三线是平行站位 4-4-2 阵形的基本要求，若遭遇菱形中场 4-4-2，中间就会产生空隙。需要特别关注对方后腰和进攻型中场的动向。如果采用区域防守的方式，则球员应互相协调，保证盯防对象交接的平稳。此外，若对方中间菱形区域的两个边路队员向中间逼近，己方边前卫不得不随他们而动，这时己方边路就会产生空当，注意此时对方边后卫可能会趁机参与进攻。

要点

对方中场的两侧有空当，正中央却非常厚实。需要注意己方在这一区域应对失当很可能会陷入劣势。

4-4-2（蝶形中场）的特点及应用

巴西队长期采用蝶形中场 4-4-2 阵形，以部署在进攻型中场的优秀球员为核心。这种阵形最大的长处在于进攻能力强，从防守的角度来说，很难防御边路进攻。

适合进攻，巴西队长期采用

因为中场球员呈双线分布，所以整体来看，场上会呈现四条线。这种阵形在防守时，两名前锋和进攻型中场使用压迫式打法，可以在高位将球抢断。

此外，整体呈四线分布，场地中央人数较多，不容易被对方从中央突破。

该阵形被巴西队长期采用，本质是一种进攻型阵形。在进攻型中场的位置布置优秀的球员，并集中将球传到那里，那么进球就可以期待了。

根据球员特长和战术需求对蝶形中场进行调整

1982 年西班牙世界杯上，巴西队的济科、苏格拉底担任进攻型中场，法尔考、安东尼奥·塞雷佐担任防守型中场，为观众献上了一场精彩的比赛。当时的这四名队员被称为"黄金四中场"。

J 联赛中，鹿岛鹿角队也长期使用该阵形（现在已变更），执教柏太阳神队的尼尔西尼奥也多采用这一阵形。

柏太阳神的进攻型中场的配置是左右不对称的，内昂德罗·多明戈斯靠前，乔治·瓦格纳则靠后。中场的蝶形站位应该根据球员们的特点和战术需求进行变化。

如何利用两侧边路是一个要点

使用这一阵形，在防守时很容易将对方带球队

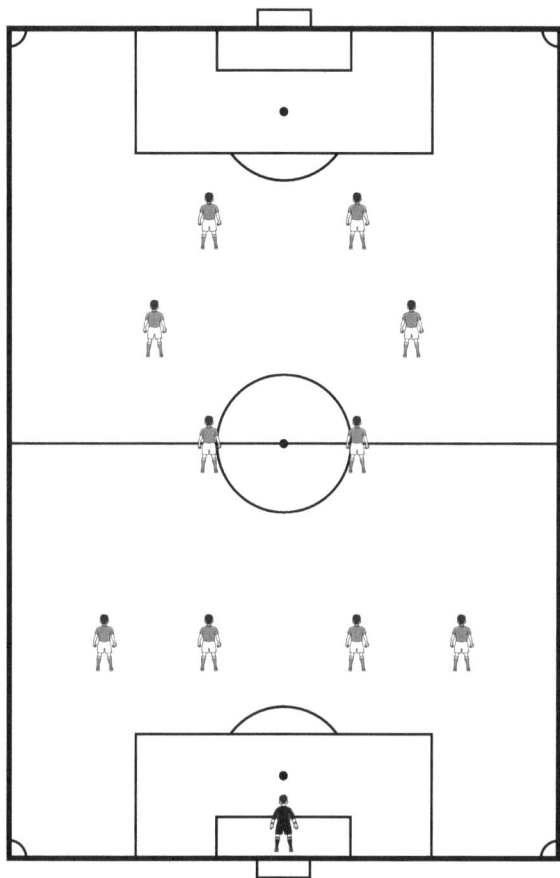

4-4-2（蝶形中场）的特点

与中央相比，两翼比较薄弱。如何利用这一空间是关键。若能支配中场，掌握主动权，那么边后卫也可以向前推进。这样，参与进攻的球员人数众多，可以采取边路进攻、中央突破等各种各样的攻击方式。此时的关键人物是进攻型中场。这一位置的球员必须具备出色的控球能力和传球意识。

！要点

即使己方掌握着主动权，后腰也要把防守放在心上。比如边后卫参与进攻后，可能需要补位，有时后腰的位置甚至需要后移到后防线上。

员从原来的位置逼到边路，从而实现高位抢断。因为中前场球员都靠近中间，因此在两侧边路有空间。两名前锋和进攻型中场可配合将对方球员压向这个空间，然后在中后卫和边后卫的配合下夺球。

需要注意的是边后卫站位靠前的程度。如果想填补前方的空间而靠前，身后可能会产生空当，被对方利用。场中央的进攻型中场和中后卫也是，若他们想填补边路空当而移动至边路，就会在场中央形成空当。防守时的要点是如何有效消除边路的空当。

有节奏的传球也是一种进攻方式

进攻时，场中央的球员应当充分发挥自己的实力，彼此保持良好的间距，有节奏地传球。在此期间，两名前锋应当充分观察对方的动作，以良好的配合，伺机突破对手后防。在发现合适的时机后，迅速向球门前跑动，而中场的队员看到前锋的动作后，即可将球传出，送出准确的助攻。

通过有节奏的连续传球来攻门是一种常见的进攻方式。要成功实施这种战术，需要球员们掌握好彼此间的距离，并默契配合。

不适合防守，适合进攻

一般来说，打防守战时不采用这种阵形。因为该阵形的一大缺点就是边路有空当，不太适合防守。

能够在高位实施压迫式打法夺球是一个优点，但若预料对方会采用针对性的反制措施时，最好不要采用这一阵形。

此外，使用这一阵形通常会在进攻型中场这一关键位置部署控球能力强、传球意识佳、带球能力强的"司令塔"式队员，以追求更好的进攻效果。所以中场的防御能力会比较弱。当然如果像1982年西班牙世界杯上的巴西队那样拥有技术高超的队员，能够保证控球权，则应当采用蝶形中场的阵形。

运用得当可以碾压对手

如果能够支配中场，牢牢控制比赛的主导权，那么边后卫就可以安心地靠前站位。这样，己方中场的人数进一步增多，虽然总的来说还是蝶形中场的站位，但球员不断移动的不规则的变化，可以迷惑对方防守球员。

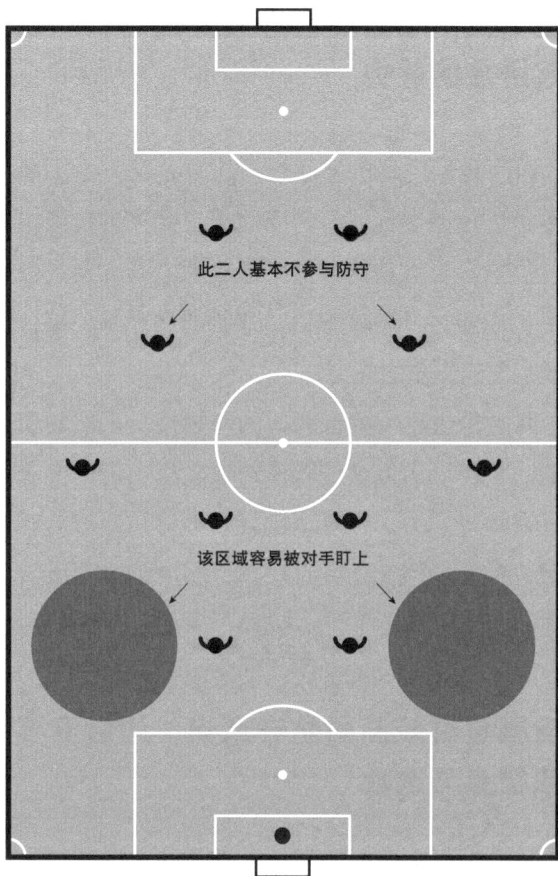

4-4-2 的弱点

巴西队偏爱这一阵形，是因为他们的球员技术高超，与任何对手对阵都可以主导比赛。巴西队的进攻型中场基本不参与防守，并且因为偏向于进攻战术，边后卫站位也比较靠前。这样，在后场的两侧边路会产生巨大空当，容易被对手利用。

此二人基本不参与防守

该区域容易被对手盯上

检查要点

强大的巴西队也要慎重选择战术

巴西队曾长期采用 4-4-2（蝶形中场）阵形，但是这一阵形中场防守薄弱，并且边后卫参与进攻时，后方很容易产生空当，被对手利用。为了应对这些问题，近年来巴西队改用攻守更为平衡的 4-2-3-1 阵形。

4-2-3-1 阵形中，第二排的三名球员也要参与防守。内马尔、浩克、奥斯卡这些球员在很靠前的位置就要积极展开防御，追赶对方带球队员。即使是巴西队，也要慎重选择战术，不能随心所欲地踢球。

4-4-2（蝶形中场）
各位置的职责

蝶形中场站位的 4-4-2 阵形中，进攻型中场的个人能力和边后卫的进攻能力是比赛的关键。同时，两名后腰队员除了要有开阔的视野和良好的综合能力外，还需要有良好的防守意识。

进攻型中场需要具备良好的意识和发起进攻的能力

因为蝶形中场的阵形重视进攻，己方会不断把球传给进攻型中场球员，因此通常会在进攻型中场这一位置部署优秀的球员。进攻型中场需要具备优异的护球能力、进攻意识，开阔的视野等，综合起来就是发起进攻的能力。

同时，他还应具备射门的积极性。虽然具备防守能力会更好，但这一阵形对进攻型中场的要求主要还是进攻能力。进攻型中场需要盯防对方后腰，同时关照边路的情况，但总的来看运动量不是太大，对体能要求没那么高。

后腰要有较高的防守意识，边后卫要积极参与进攻

这个阵形对两名前锋的要求，和 4-4-2（平行中场）阵形一样，最好是一人擅长策应战术，一人有高超的突破能力。他们可配合具备高超进攻能力的进攻型中场，积极地向对方后方突破。

后腰队员要具备开阔视野、良好综合能力和较高的防守意识。即使是己方控球，也应时刻注意中场和后场情况，这样一旦被抢断能迅速做出反应，支援危险区域。

为了充分利用中场、前场的空间，边后卫也应参与进攻。不过，这并不是指单纯向前突破然后传中，边后卫最好拥有通过一系列准确传球组织进攻的能力。

4-4-2（蝶形中场）各位置的职责

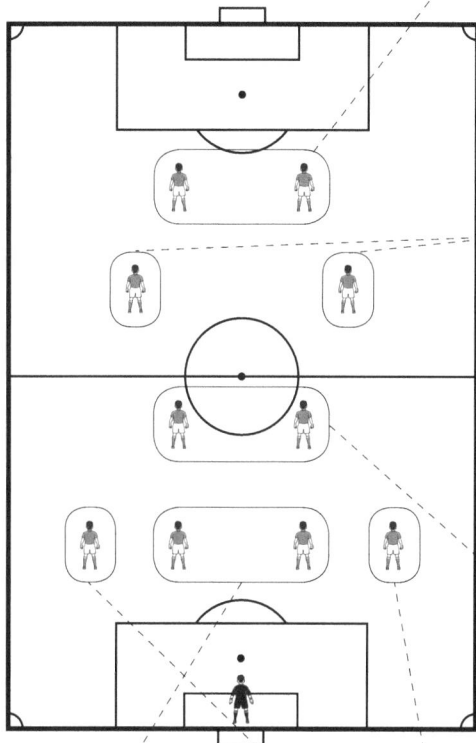

前锋（双前锋）

前锋之间以及和进攻型中场之间保持合理距离，通过一次触球等战术，在触球较少的情况下向前突破，完成射门。若能同时盯防一下中场附近的对方后腰，同时注意一下两侧边路的空当，则可以有效减轻进攻型中场的防守负担。

进攻型中场

进攻的关键人物，背负着大家的期待，应积极参与进攻。也应积极尝试通过自己带球、中距离射门的方式，自己直接得分。在比赛中要意识到自己的得分是通向胜利的关键。

后腰

需要具备和进攻型中场合作组织进攻的能力，同时也要具备高超的防守能力。己方的球被抢断时迅速转换攻守状态，视情况主动承担防守责任，向对方带球队员施压。需要注意中场的空当以及边后卫参与进攻后边路出现的空当等危险区域。

中后卫

边后卫参与进攻后需要对两侧边路加以注意。若后场边路有空当，中后卫前去补位，中间就会出现空当，因此应尽量避免这样顾此失彼的状况。这需要队伍事先商量，决定如何照顾到两侧边路的空当。

边后卫

边后卫前方有巨大的空当，若己方能统治中场，压着对方打时，应积极向前站位，参与进攻。除了要具备向前突破传中、向中间插入射门等边后卫基本能力外，还要有良好的传球能力和意识。

当 4-4-2（蝶形中场）对阵其他阵形

对于蝶形中场 4-4-2 阵形来说，因为没有部署边前卫，因此若对手在边路布置的人较多，很可能被对方压制。因此，应当事先准备好应对方法。

如果对手边路人数较多，可能面临苦战

该阵形场地中央人数多，十分厚实，但是边路有空当。若对手采用重视边路的阵形，己方很可能会被压制。比如说和 3-4-3（双影锋）、4-4-2（平行中场）等阵形对战时，就需要特别注意。

该阵形对阵广岛三箭那样的 3-6-1 阵形时也处于劣势。3-6-1 阵形的中场除了两名后腰外，在后腰前方还有一排四名球员。4-4-2（蝶形中场）对阵这种阵形，在中场位置处于人数劣势，比对方少两人。要盯防这两名球员，进攻型中场、后腰等中场球员自不用说，甚至两名前锋、边后卫也会感到巨大的负担。

对阵中央同样厚实的对手时，要在中场确立优势

对阵 3-4-3 阵形也很麻烦。若对方前场有一两人向中场靠拢，中场人数就会达到五六人。而己方既要注意边路的空当，还要盯防这些从前场退到中场的球员，其中的平衡会很难把握。因此在对阵 3-4-3 等阵形时，很难采取进攻型的打法。

相反，若对手也采用边路比较薄弱的阵形，就会容易许多。场中央的争夺会变得更加激烈，但只要能在这里确立优势，就能够掌握主动权。双方都采用 4-4-2（蝶形中场）阵形时，比赛中的攻守交换速度将会非常快。

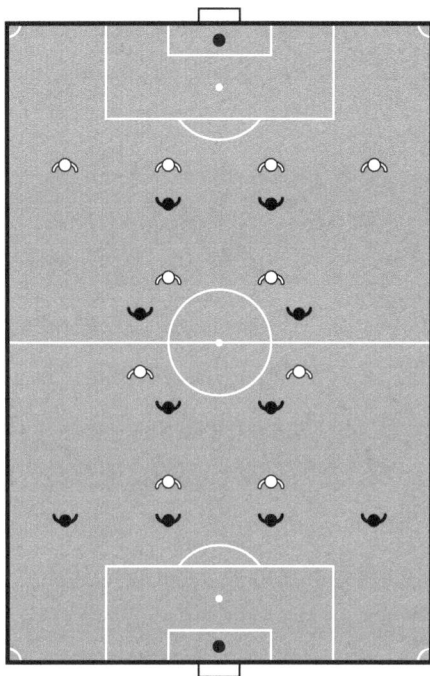

适合应对的阵形：4-4-2（蝶形中场）

和相同阵形的对手对阵，关键是掌握主动权。只要能让对手不得不跟随自己的节奏，就可以说是赢了一半。若陷入了劣势，则必须采取一定的对策。蝶形中场 4-4-2 是一种重视进攻的阵形，一旦被压制，很难改变这种节奏。因此，开场时对主动权的争夺就尤为重要。此外，若是两支重视防守的球队交战，很可能出现在中场持续拉锯，但双方都无法制造进攻机会的情况。

第 2 章　阵形和战术

!要点

为了争夺主动权，需要在中场形成人数优势。因此，需要边后卫参与进攻，同时前锋也要进行支援。

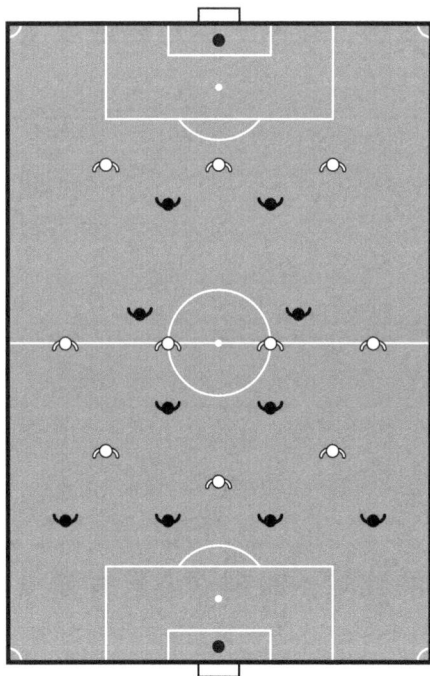

不适合应对的阵形：3-4-3（双影锋）

将双方的阵形放在一起看，可以发现对方中场的边路球员处于无人盯防的状态。虽然有人数优势，但是很难从边路发起进攻。另一个让防守球员烦恼的是两个影锋的存在。对方三名前场队员不断跑动，时而后退支援中场。这种时候，己方后腰和边后卫应当如何合作盯防，对此球队应该在比赛前做好准备。

!要点

与其取长补短，不如扬长避短。不用配合对手的节奏来踢。

59

4-4-2（菱形中场）的特点及应用

菱形中场 4-4-2 阵形在中场部署一名进攻型中场和三名防守型中场队员，防守稳健，进攻人数较少。

不适合在前场实施压迫式打法。

边前卫既要向前突破，也要支援边后卫

该阵形中两名边前卫承担着重要职责。具体来说该阵形又有很多细分类型。最具代表性的是阿根廷曾经使用的三后腰 4-3-1-2 的模式。

理想状态是能够集齐同时擅长攻守的边前卫和后腰、个人能力突出的前锋以及能够通过精准传球创造进攻机会的"司令塔"。其中最重要的是边前卫，边前卫需要抓住空当突破，制造机会，帮助边后卫参与进攻，在己方后方出现空当后还要迅速进行防守。"司令塔"式球员若是太过明显，容易被重点盯防，因此现代足球中通常用三角形换位等方式，避免"司令塔"被重点盯防。

不要转换边路，就从一侧边路进攻

以阿根廷为例，进攻时一般都从一侧边路打到底。也就是说从右侧边路进攻时，左侧边路的球员要慎重选择是否参与进攻。若因为转换边路而被抢断的话，很有可能遭遇一波快速反攻被进球。因此，通常采用较为简单的从一侧边路打到底的打法。

要注意，这一阵形不适合高位夺球（逼抢）的压迫式打法。这种阵形更适合让对手后腰无法发挥作用，无法从中场将球传到前场的防守。

为了防守的稳健，时刻保证后方至少留六个人

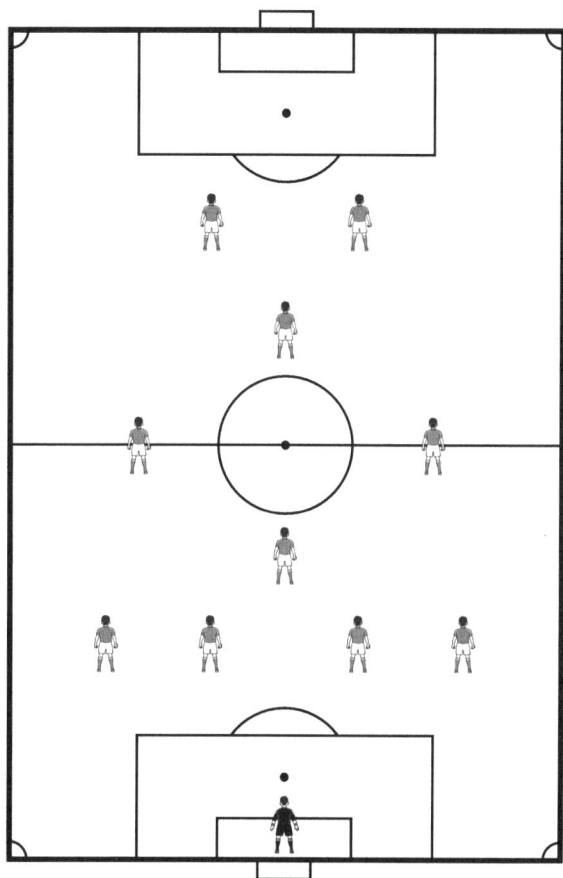

4-4-2（菱形中场）的特点

这一阵形很难对对方后防施加压力。比赛中要紧盯对方传球的对象，不让对手随心所欲地向前传球。特别是攻守转换的关键人物——后腰，一定要盯紧，不要让其拿到球。或者不让对方将球传出去。边前卫要盯着对手的后腰，但注意不要两个边前卫都去。

！要点

右侧边路进攻时，左侧边路不要上前压上。两名边前卫也不要压上，要时刻保证至少有六名球员在防守，保证防守稳健。

因为在前场只有两名前锋和一名进攻型中场，很难在前场抢断，这一阵形不适合进攻。

那么在哪里实施抢断呢？答案是从对方边路队员或者后腰手里。如果对方在边路带球，可由一名前锋、一名边前卫、一名边后卫组成半圆将其包围，施加压力。

要注意若两侧边路球员都去盯防对方后腰，整个阵形的平衡会变差。因此，若是右侧边路队员上前，左侧边路的队员就退下来。时刻保证至少有后场四名球员和后腰、一名边前卫共六人处于防守状态。

2006 年世界杯阿根廷从一侧边路打到底

虽然球队战术会因主教练变更而做出调整，但整体上看阿根廷队通常选择从一侧边路打到底，而不使用转换边路战术。2006 年德国世界杯时，何塞·佩克尔曼执教的阿根廷队就采用从一侧边路打到底的打法，没有使用转换边路战术。令人印象很深的是阿根廷 6 ∶ 0 胜塞黑那场比赛，一侧边路打得很激烈，另一侧边路队员却完全没有上前的意思，令人吃惊。

不过，在马塞洛·贝尔萨执教时期，阿根廷队采用 4-3-3 阵形，在前场使用压迫式打法，战术与何塞时代有很大差异。这种战术很有特点，许多地方都体现着阿根廷古典足球的精华，可以说是阿根廷古典足球战术的改进版。

事先约定的战术很重要，但是胜利更重要

这个阵形因为通常会有 6 ~ 7 人进行防守，防守方面比较稳健。要充分发挥这一阵形的作用，边前卫和边后卫的意识很重要。如果进攻需要冒险，那么就不要实施这次进攻。从这个角度来看，日本球员做得比较好，即使得到了进攻机会，也往往会权衡之后再做决定。

总体上来说，队员应该遵守教练的指示，但是也不要忘了比赛最根本的目的是获胜，要想获胜就要进球。因此若在比赛中发现了合适的机会，有信心能够进球，那么就相信自己的判断吧！不过要注意，大家会根据结果来评价你的这次行为，所以要慎重选择。

进攻球员人数少，无法在前场使用压迫式打法

该阵形的劣势在于进攻球员少，防守时也很难采取压迫式打法直接高位抢断。同样因为进攻球员少，进攻也会相应地更加困难。

想要让这一阵形充分发挥其作用，最好有这样的球员：攻守意识良好，体能优异的边前卫；人数劣势下仍能护球不失，能够通过准确的传球或射门促成进攻的进攻型中场；个人能力出众，能凭个人能力打开局面的前锋。如果能有这些球员，该阵形将更好地发挥其作用。

以新月阵形追至一侧边路

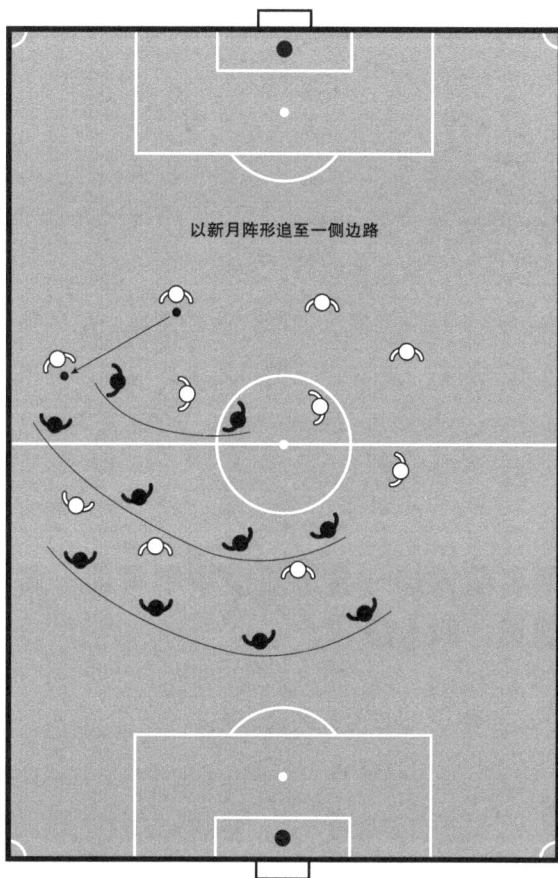

阿根廷式新月阵形

这是一种传统的阿根廷防守方法。前锋追赶对方带球球员，迫使其将球传入边路。以在这一侧边路抢断为目的，另一侧边路的中场、后场球员站位也略向前。这样，即使对方想向前长传，也会被阻断。整体上看是用新月形的阵形向对手施加压力。

检查要点

阿根廷传统的新月阵形

　　这是一种基于区域防守策略，同时以球为中心的防守方式。像上图所示的状态，如果对手将球传到右侧边路，己方保持紧密的阵形向右移动，继续以新月阵形应对，只是换一个方向。

　　不管对方将球传到左侧还是右侧边路，后场四人和中场前场球员都以新月阵形应对。虽然这样在另一侧边路会出现很大空当，但即使对手将球传到那一侧，也不可能造成迫在眉睫的威胁。这时，只需要全体队员跑动到另一侧，继续以新月阵形应对即可。

4-4-2（菱形中场）各位置的职责

在菱形中场的 4-4-2 阵形中，有三名防守型中场。即使在进攻时，这三名球员也不能忘记防守，要把握好攻守的平衡。在进攻时，两名前锋和进攻型中场的动作需要快速而准确。

这种阵形重视防守，基本在任何时候都不会投入太多人员进攻。因此，不管哪个位置的队员都要有良好的意识，把握好攻守的平衡。比如说边前卫，在对方从另一侧边路进攻，或自己这一侧边后卫参与进攻时，要根据情况选择合适的站位。总体来说要以防守为重，待在自己的位置上，但有时也可以参与进攻。但是若要采取与赛前商定的不同的行动，就一定要拿出成果。

两名前锋加一名进攻型中场再加一名球员，四人进攻

一种常见的进攻方式是一名前锋向一侧边路靠拢，配合边前卫边后卫，或者进攻型中场，从边路发起进攻。攻击目标是对方边后卫和中后卫防守区域的交界处。进攻型中场送出准确传球，一名前锋从外侧向前跑动到位（之前向边路靠近的那一名），参与进攻的边后卫等球员也上前压上，最后将球传给在球门前待命的另一名前锋。通过这样的方式，由前方三名球员再加上一名边前卫或边后卫，迅速发起进攻。

此时己方的防守球员不能呆站着看戏，为了应对对方可能的反击，要观察球员之间的间距，保持紧密的阵形。不是后方人数多就万全了，队员要为可能的反击做准备，这样即使遭遇快速反击，也能予以应对。

4-4-2（菱形中场）各位置的职责

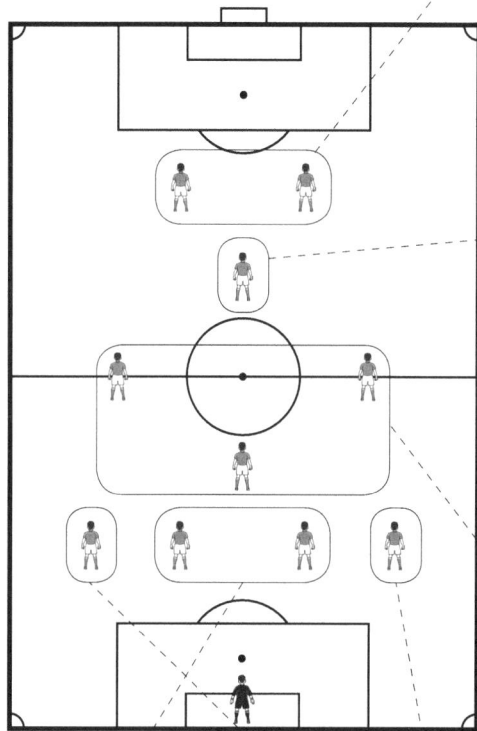

前锋（双前锋）

虽然具体战术会因教练的指示、对方的阵形等因素加以调整，但一般来说，在防守时两名前锋中要有一人盯着对方的后腰。进攻时，两名前锋中的一人跑向边路，从边路发起进攻。此时，另一名前锋跑动到球门前，给对方后防球员施压。

进攻型中场

个人技术要高超，视野良好，意识出众，同时还需要有射门能力。这是一个适合"司令塔"式队员的位置，这个位置的球员需要掌控进攻的节奏，需要时刻留意两名前锋的位置，发现时机时，通过一次触球等方式，迅速将球传出。现代足球中，这一位置的球员往往还要具有向前突破的意识。

三后腰

一般来说该阵形配置三名后腰，呈现 4-3-1-2 的形态。如果两名边前卫站位过高，呈现出 4-1-3-2 的态势，对攻守平衡的把握就会变差。所以边前卫需要有较高的防守意识，若同侧边后卫也向前参与进攻，要对后方的空当进行补位。

中后卫

中后卫之间、中后卫和边后卫之间的防守区域交界处十分危险，防守跑动到该区域的对方球员时，己方球员应该互相沟通，明确各自职责。如果球员之间间距太近，不知该由谁去应对，就会在犹豫中丢球。所以决不能互相谦让。

边后卫

要从自己这一侧边路进攻时，就果断进攻。这一位置需要球员具备向纵深突破的能力和准确的传中能力。此外，有时还需要和来到边路的前锋配合攻门。除了要具备出色的防守能力外，还需要具备强健的体魄，在完成长距离跑动之后，仍然能准确传球、射门。

当 4-4-2（菱形中场）对阵其他阵形

该阵形的弱点在于边路的空当。所以如果对方在边路部署人数较多，就要认真思考一下如何组织防守，避免边路崩溃。

适合应对边路人数同样较少的对手

对阵 4-4-2（蝶形中场）阵形时，双方都将球员密集部署在中路。己方三名后腰在面对对方的关键人物——进攻型中场时可以形成人数优势。

如果能在中路的对决中胜利，成功支配中场，就可以利用对方 4-4-2（蝶形中场）的弱点——边路发起进攻。

该阵形对阵相同的 4-4-2（菱形中场）阵形也比较容易。虽然主教练制定的具体战术有所不同，但是总体上看双方在攻防时的目标是相似的，决定胜负的是具体的争夺和各自球员如何执行战术。

如何应对边路的人数劣势是关键

相反，该阵形对阵 4-3-3、4-4-2（平行中场）等在边路专门部署球员的阵形时，就会比较吃力。若是己方边前卫、边后卫为了盯防对方的边路队员而不得不离开原本的位置，整个阵形就会被破坏。

不管采用什么样的阵形，球员都应该保持合适的距离，同时保持整体紧密的状态，在前后左右运动的同时，进行进攻或者防守。如果球员间距过大，就会产生空当。打个比方，从"石头剪刀布"的石头状态变成布的状态非常危险。此时，应该迅速握紧拳头，重回石头的状态。

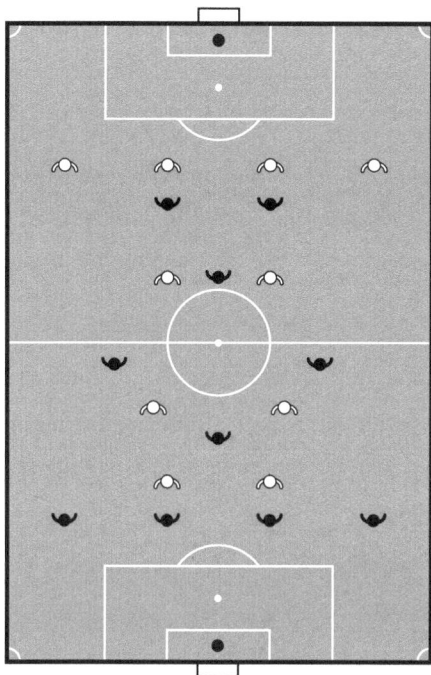

适合应对的阵形：4-4-2（蝶形中场）

双方在中场的边路都有巨大的空当。因此，只要能在球员密集的中央区域的攻防中获胜，掌握主动权，局势就会变得有利。4-4-2（蝶形中场）阵形在前场部署四人，是一种进攻型的阵形。特别是两名进攻型中场球员往往具备很高的个人技术水平。为了避免对方从两名进攻型中场的位置发动进攻，己方三名后腰应当合作封堵他们。进攻时，若能仅凭两名前锋成功进球当然是最好的，但是两名前锋往往会受到严密盯防。因此，进攻型中场、边后卫、边前卫等球员要进行支援。

！要点

球员之间保持合理间距，不要被对手的站位所干扰。在比赛中总是要保持紧凑的阵形。

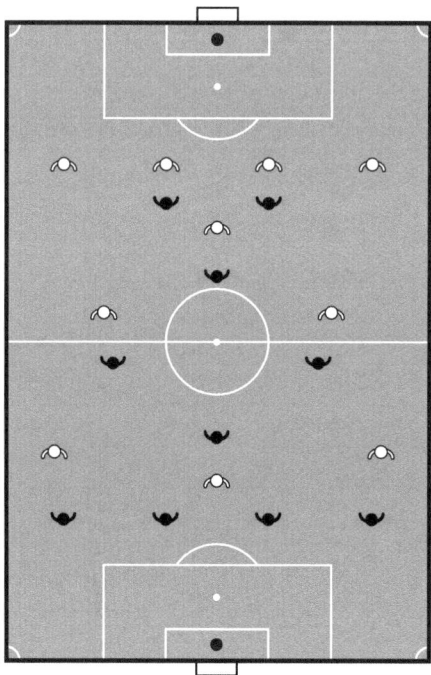

不适合应对的阵形：4-3-3

如何应对对方在边路纵向排列的边后卫、边前卫、边锋是比赛的关键。防守的一大原则是尽可能制造人数优势。因此，为了努力形成四对三的局面，需要边后卫、边前卫，两名前锋中的一人再加上场上任意一名球员合作应对。这样的话，为了保持阵形整体的紧凑性，需要全队球员大范围跑动，而在球场的弱侧，便暴露巨大的空当，给对手可乘之机。在这样的状态下，相对于 4-4-2 阵形，如果要整体队形大范围移动，虽然可以做到，但是效率更低。

！要点

进攻时从一侧边路打到底。防守时，为了避免对方转换边路进攻，要在一侧边路就将球抢下。

该阵形是扎切罗尼执教时期日本队的主要战术，这种阵形下攻防的平衡更容易掌握。同时，该阵形另一大优势在于它可以轻易转换为4-3-3或者4-1-4-1阵形。

▌前场的守备很轻松，能够保持紧密阵形▐

在高位位置部署有边锋，可以轻易将对方带球者逼至边路，以优势人数将其包围。这种阵形的防守可以说是很稳固的。同时这一阵形还可以避免防守时经常出现的一个问题：该由谁去盯防特定的对手。

前锋将对方带球队员驱赶至边路，边锋去封堵其传球路线，不管纵向还是横向传球，此时防守方都比较主动。当对方迫不得已将球传出，早已等候多时的己方球员前去将球断下。这一阵形能够将交战的战线维持在一个较高的位置，同时阵形本身更容易保持紧凑。

▌调整几名球员的位置，转变为别的阵形▐

如果能成功在高位抢断，则己方迅速转入进攻。这时，对手的阵形应该比较分散，而己方因为要给对手施压，球员比较集中。此时应该趁对手尚未组织起防守队伍，用准确的连续传球迅速攻门。

此外，该阵形还可以通过调整几名队员的位置，转变为4-3-3进攻型阵形或4-1-4-1防守型阵形。如果己方有善于变阵的球员，那么效果将更显著。现在，全世界众多球队都选择这一阵形。

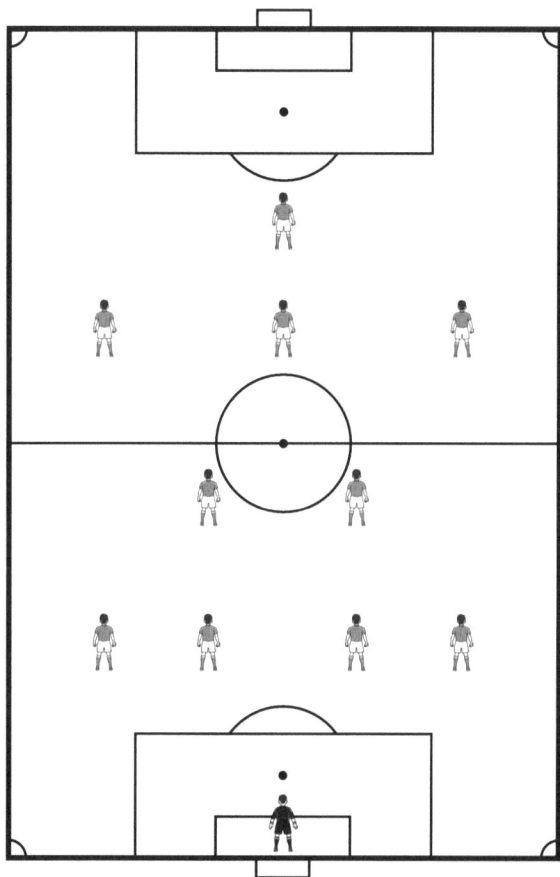

4-2-3-1 的特点

不管在场上何处，都可以轻易组成三角阵形，形成人数优势。防守时整体平衡性良好，容易实施压迫式打法。阿尔贝托·扎切罗尼执教下的日本国家队就采用这一阵形。边后卫站位靠前，可以使中场变得更加厚实，比赛中可能有机会长期掌握控球权，主导整场比赛。球被抢断后，则迅速转换攻防模式，保持人数优势，尽可能在高位将球抢回。如果能迅速将球夺回，又会形成一次进攻的机会。

！要点

注意防守区域的交界处，这里会被对方盯上。此外要注意后场和后腰之间绝不能产生空当。

▌拜仁战术成功的最大原因 ▌

2012~2013赛季欧冠联赛的冠军拜仁慕尼黑俱乐部使用的就是4-2-3-1阵形。其各个位置上都部署着优秀球员，无论是控球打法还是压迫式打法，都游刃有余。

拜仁能够有效发挥该阵形的作用，主要在于两名边锋——弗兰克·里贝里和阿尔杰·罗本。

这两名球员以速度和敏捷兼备的带球突破著称，也确实在比赛中取得了不少成绩。但是这里我指的是他们在防守方面的贡献。

边锋贯穿攻防的作用和后腰的职责

要想让 4-2-3-1 阵形充分发挥作用，边锋无论进攻还是防守都必须发挥作用。边锋需要在高位就开始追赶对方带球队员，限制其传球路线等，以支援后腰和边后卫等后方球员的防守。同时也要积极尝试通过铲球等战术迅速将球抢断并反击。

后腰也承担着重要的职责，他需要判断什么时候可以去抢断，判断后对队友发出指令。

后腰要纵观整体，如果阵形动摇，则要进行修正。在防守没有完备之前，后腰不能冒失出击。

事先约定的战术很重要，但是胜利更重要

4-2-3-1 阵形下采用区域防守的一大优势是各球员负责的防守区域明确。

中场较低的位置有空当，这处空当可由边锋后退或者边后卫上前填补。当然由其他球员来补也可以。

有一点希望大家不要误会，就是事先定好防守区域，并不是说队员必须守在这个区域，绝不能迈出一步。比赛的目的是胜利，与其死板地遵守着赛前约定而输掉，不妨尝试随机应变。

保持阵形紧凑，注意防守区域交界处

在防守时，若防守区域的交界处被对方攻入，己方反应滞后，则很可能令己方陷入危险。对方球员可以在无人盯防的自由状态下来攻门。为了防止出现这种情况，队伍应保持阵形紧凑，时常收缩阵形，不给对方以可乘之机。

此外，己方后腰背负着盯防对方后腰的职责，因此要避免站位太过靠前。因为站位太过靠前时，后腰与后场球员之间会产生空当。如果对方向这一空当来攻，己方为了弥补这空当，中后卫就不得不上前补位。这样在后防线上又会产生新的空当，增加被进球的风险。

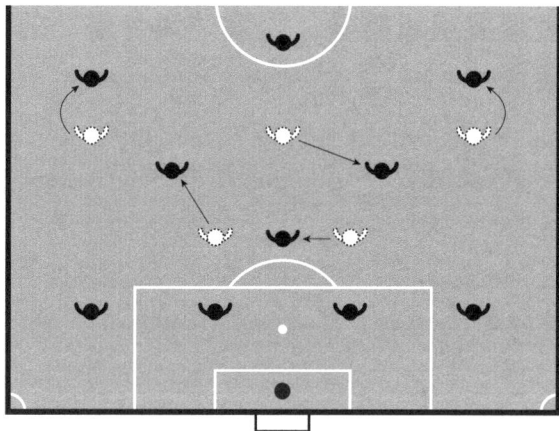

从 4-2-3-1 转变为 4-3-3（进攻型阵形）

一名后腰作为防守型中场，另一名后腰略微上前，同时一名进攻型中场队员后退。变阵后，中场有三名球员，但是两名边前卫要保持靠前的站位。同时，两名边锋在站位时也要有意识地深入对方阵内。防守型中场在比赛时要时刻保持防守意识。

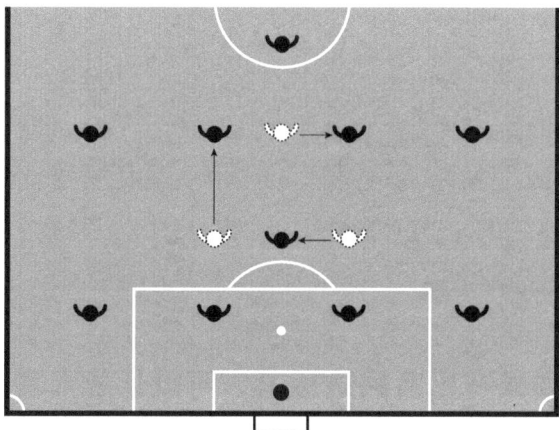

从 4-2-3-1 转变为 4-1-4-1（防守型阵形）

一名后腰作为防守型中场，另一名后腰上前加入第二排。这一阵形边路和中央比较平衡，不容易出现破绽。如果防守型中场后退到中后卫之间，还可以转变为五后卫的模式。九人联防的阵形，非常稳健。

检查要点

攻守平衡的阵形会有更好的延展性和适应性

　　如上图所示，4-2-3-1 阵形很容易转换成进攻型的 4-3-3 或者是防守型的 4-1-4-1 等阵形。如果把进攻型中场向前部署，还可以转换为双前锋的模式。也可以让两名边后卫上前到中场，一名后腰退到后场，转变为三后卫的模式。

　　日本国家队比赛时一般采用 4-2-3-1 阵形，但有时也会在比赛中途调整为 3-4-3。

　　4-2-3-1 阵形能兼顾攻防，而且易于变阵，可以说是一个万能阵形。

4-2-3-1的核心位置——两名后腰需要指示前场何时向对方施压，相当于是全队的舵手。两名边后卫则应积极参与到进攻中去。

后腰要组织防守，扮演"司令塔"的角色

后腰要纵观全局，如果阵形出现混乱，则要予以修正。后腰的职责是保持开阔视野，纵览全队态势，准确做出指示，组织防守队员。前场的四名球员要积极实施压迫式打法，尽可能在高位就将球抢断。但是，若球员之间缺乏沟通，战术很难顺利执行。因此，为了能让全体队员化作一个整体，后腰必须有一定的统率能力。

需要注意的是，不能让对方长传到己方阵地深处，再由对方前锋借此发动进攻。当对方中后场队员将球传给对方前锋后，己方队员会向中央集中，导致边路出现空当，防守会变得愈加困难。因此，后腰的一个职责就是防止对方直接将球传给对方前锋。

如果有出色的边后卫，可以让战术富于变化

后腰的两侧有较大的空当，这就要求边后卫积极地参与进攻。边后卫带球时，应尽可能向己方边锋靠拢，互相合作，在对方边路打开局面，取得优势。

这一阵形具有良好的拓展性，比如日本队就曾根据情况，在比赛中变阵为3-4-3。变阵后，边后卫的位置就会更加靠前。如果边后卫拥有高超的技术，能够游刃有余地应对攻防时的种种情况，可以让阵形更加富于变化。除了边后卫，如果其他位置的队员能适应不同的位置，也可以让阵形更加富于变化。

4-2-3-1 各位置的职责

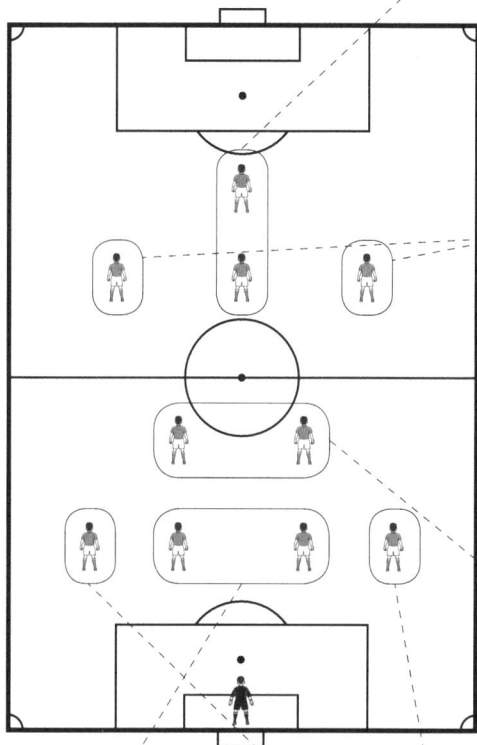

前锋和前腰

在进攻时，前锋的位置应尽量靠前，如果前锋后退到中场，会让队友失去传球的对象。前锋自不用说，前腰也要积极地射门、助攻，为进球不懈努力。此外，两人还应具有合作意识，通过配合突破对方的防守。

边锋

边锋需要有出众的个人能力，能在边路的一对一中取胜。他要积极地参与进攻，通过准确的传中来助攻，或者自己带球射门，完成终结。同时，也要像拜仁的里贝里和罗本一样，对防守做出贡献。如果对方带球队员被逼入边路，就去封堵其传球路线。

后腰

全队实施压迫式打法时，要由后腰来向前方球员做出指示。同时他也要指挥后场的球员。如果前场和后场之间距离太大，很可能被对方越顶传球。因此在前场球员向前实施压迫式打法时，要提醒后场球员上前保持阵形紧凑。要有意识地阻止对方将球传到中后卫前方这一要害位置。

中后卫

控制阵线的前后移动，避免和前场球员距离太远，也要避免和后腰之间出现空当。如果对方将球传到中后卫和后腰之间，应对会十分困难。如果没有抢断的机会，不要急于进行抢断。不如拖延对方的时间，等待己方队员回援。

边后卫

实施压迫式打法时，因为边锋和后腰阻挡了对方的横向传球路线，对方会选择向前传球。这时，就需要边后卫上前去抢断。边后卫需要果断判断出击的时机，不能让对方利用自己身后的空当。如果自己被突破，那么要迅速向后追去，阻止对方传中。

4-2-3-1阵形在两边路各配置了两名球员，若对阵边路薄弱的对手，进攻会比较有利，更容易打开局面。

遭遇中路厚实的对手时，难以形成人数优势

足球防守的一个基本思路就是创造人数优势。足球比赛中，球员是要不断跑动的，阵形也要根据实际状况进行调整。场上的球员们要遵照事先约定好的战术去打，但也要根据情况随机应变。

4-2-3-1阵形是一种攻防兼备的万能阵形，但是对阵4-1-4-1这种中场球员人数相同的阵形时必须格外注意。最需要提防的情况是对方前锋或前腰在己方后场球员和后腰之间接到传球。因此后腰必须格外警惕这个方向的传球，避免对方将球传入这一危险区域。

己方后腰去盯防对方后腰时，很容易出现这种不利情况。因此，在对阵4-3-3或是3-4-3(双影锋)等中路厚实的敌手时，最好在比赛前事先商定好各自的盯防对象。

注意边后卫和中后卫之间的空间，边后卫也要注意中路

对方一定会进攻己方防守区域交界处的弱点。特别是边后卫和中后卫之间很容易被盯上，需要特别注意。中后卫要追逐对方球员，避免在中央产生空当。此外，边后卫不仅要关注边路区域，有时当中央产生空当时，也要前去补位。

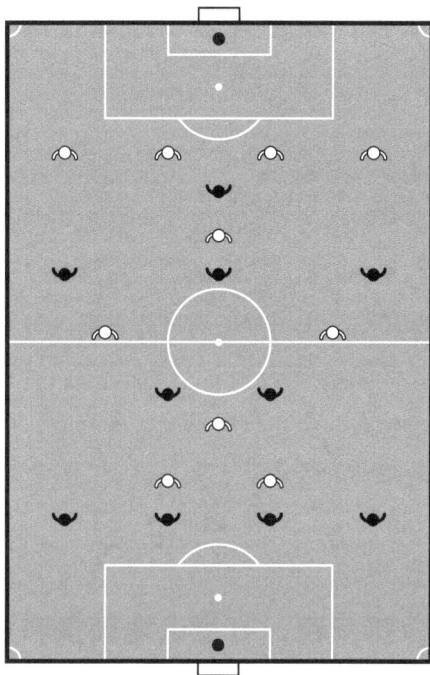

适合应对的阵形：4-4-2（菱形中场）

边锋和边后卫有效利用中场附近边路的空当，可以有效掌握主动权。如果对方边前卫占据了边路的位置，那么后腰和前腰可以利用其中路的空当。对阵 4-4-2（菱形中场）阵形时，无论是在边路还是中路都很容易创造人数优势。需要注意的是对方的两名前锋和前腰，这三人由己方中后卫和后腰来盯防，对方肯定会不断跑动，尝试摆脱盯防。若己方防守球员被其引诱脱离原有位置，自乱阵脚，阵形就会出现破绽。在盯防时，不要只盯着自己的盯防对象，也要注意对方的传球者。

！要点

边后卫上前参与进攻时，后腰不上前。防守的一种理论就是一人上前，一人后退。

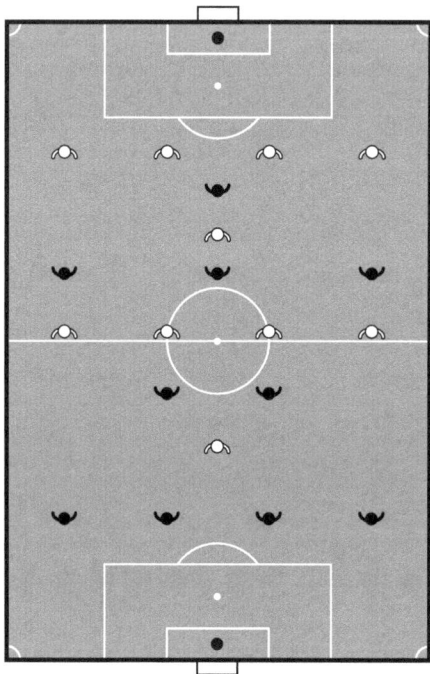

不适合应对的阵形：4-1-4-1

如果由前腰来盯防对方防守型中锋，则如何应对对方第二列（中场）的四名队员就成为关键。可以由边锋后退，盯防对方边前卫，己方后腰盯防对方中间两人。但这只是达到人数相同而没有人数优势，如果对方在某处发动进攻，为支援受进攻的地点，整个阵形都可能会发生变动，各球员偏离自己的位置，导致别的地方出现空当。此外对方的中锋如果能由后腰来应对自然好，但那样对方的中场球员又会无人盯防。所以己方遭遇 4-1-4-1 阵形时，必须认真思考边后卫和边锋在场上的站位和职责，否则就会陷入苦战。

！要点

有意识地避免对方将球传给对方前锋，不能让对方将球传入后场球员和后腰之间的区域。

4—3—3 的特点及应用

4-3-3 阵形在场上的任何一个地方都可以组成三角阵形，适合有志于控球打法的队伍。要注意的是，被抢断后如何迅速转为防守。

传球路线众多，适合有志于控球打法的队伍

进攻时，该阵形很容易在场上形成三角阵形，也就是说，很容易制造传球路线。适合有志于使用控球打法，保证己方控球，掌握比赛节奏的队伍。

该阵形可以有效利用场地的宽度和纵深，各球员配合，可以轻松地在对方阵形内制造空当。特别是在边路，纵向来看，整体布局良好，后方的队员可以轻松地追随着前场带球队友参与进攻，没有太大阻碍。

有意识地保持间距，有意识地聚拢和分散

为了突破对方阵形，己方对阵形的宽度和纵深进行调整时被抢断，很可能让己方陷入非常不利的局面。因为此时己方球员比较分散，到处都是空当。为了避免出现这种状况，在比赛时，所有球员都要有意识地调整和队友间的距离。同时，尽可能避免因为主观原因导致犯错。

关键在于全体球员靠拢、分散时的速度和对时机的把握。聚拢、分散、聚拢、分散，把握好意识，重复这一动作，可以有效扰乱对方防守。

4-3-3 的典范——巴塞罗那俱乐部

4-3-3 阵形的使用者中，比较有代表性的是巴塞罗那俱乐部（简称巴萨）。中场的哈维、安德雷

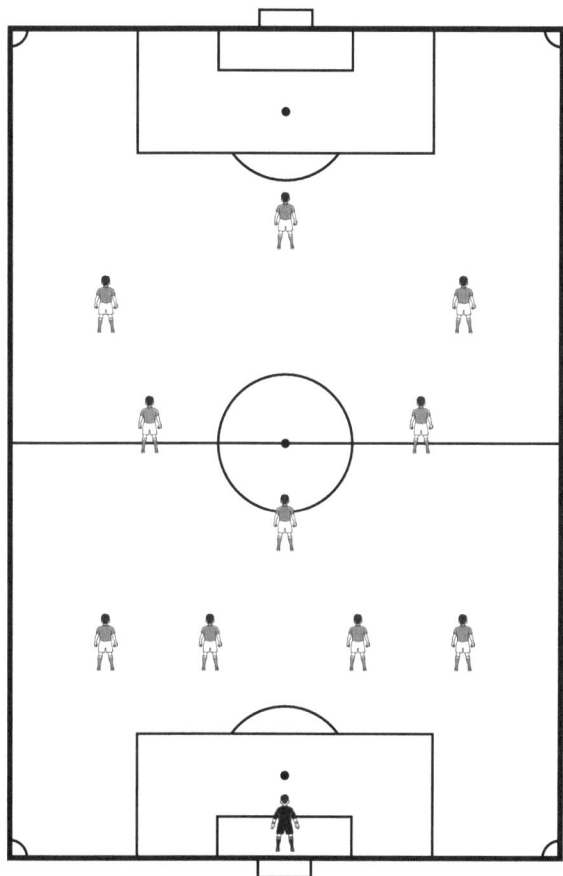

4-3-3 的特点

把各个球员连线一看就可以发现，该阵形在场上任意区域都能制造三角阵形。边前卫站位靠前，可以和边锋配合，在进攻中施展各种各样的组合技。进攻时可以盯着对方边后卫和中后卫之间的区域，边锋从外侧斜向向内切入，中锋则向边路跑动，扰乱对方防守阵形。

❗要点

后腰和中后卫在防守时要注意提防对方的反击。进攻时有效利用阵形的宽度和纵深，不要在一侧边路一味纠缠，在一侧打不开局面时，可以使用转换边路战术。

斯·伊涅斯塔的体能和攻防转换的速度，后腰塞尔吉奥·布斯克茨绝妙的站位等都值得学习。

此外，边后卫丹尼尔·阿尔维斯广阔的活动区域，梅西、佩德罗、内马尔等前锋队员制造进攻机会的能力也值得学习。

这些球员都值得有志于组建 4-3-3 阵形的队员学习，但学习容易，复制却很难。不过了解一下巴萨踢球的方法还是有帮助的。

了解一下不同阵形的特点是有好处的，有了这方面的知识，在比赛中不管对阵怎样的对手，都可以冷静而有效地制定对策。

提防对方反击，攻防转换要快

要熟练掌握这一阵形，就必须提高攻防转换的速度。对阵阵形紧密的对手，进攻时己方阵形会散开，以求在对方紧密的阵形中寻找、制造空当。若此时被抢断，遭到快速反击，己方会陷入极大的困境，因为防守球员尚未完全就位。

4-3-3阵形可以有效利用场地的宽度和纵深，缺点是队员一旦散开就很难迅速回到紧凑的状态。也就是很难从"石头剪刀布"中布的状态，迅速回到石头的状态。

要想弥补这一弱点，要么避免被抢断，用己方的进球结束进攻。或是被抢断后迅速转换攻防状态，迅速将球抢回。

巴萨属于后者，被抢断后巴萨球员迅速向对方施压，通过波浪式逼抢力求在5秒内再次将球抢回。以布斯克茨为首的防守球员则通过良好的站位，封堵对方的传球路线，防范对方的反击。

要使用4-3-3阵形，需要有优秀的传球能力

己方按照自己的节奏传球时，如果被抢断很难及时做出应对，容易被偷袭。特别是当边前卫和边后卫也参与进攻时，后方人数不足，很容易被对方迅速突破至禁区前。

为了避免这种情况发生，在己方带球时要避免出现传球失误。也就是说如果一支队伍没有准确传球的能力，最好不要选择4-3-3阵形。

中锋要有良好的体能，两名中场球员的支援也很重要

能掌握主动权当然好，但若对方边后卫占位较高，己方就很难在前场施展压迫式打法。己方的中锋需要负责的防守区域很大，没有良好的体能很难胜任。为了支援中锋，可以如下页下图所示，两名边前卫上前，这种方式十分有效。

4-3-3 的中锋面临的防守问题

边锋向左右散开，边前卫退到中场时，中锋的防守区域会变得很大。如果对方后卫球员之间彼此传球，则中锋不得不随之左右跑动，消耗体力。此外，即使能成功抢断，中锋在此时也很难找到合适的站位。

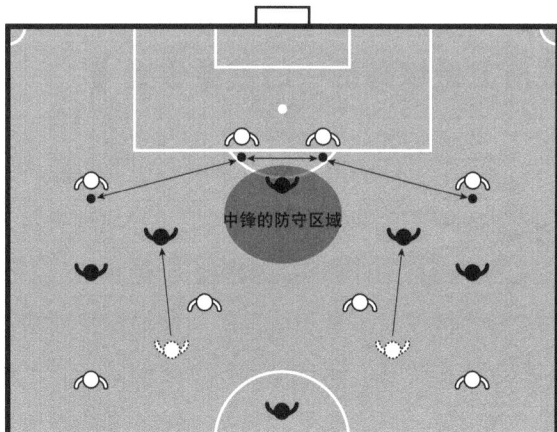

中锋的防守区域过于大

4-3-3 的中锋防守时的应对方法

巴萨为减轻中锋的负担，两名边前卫也上前支援。如果能通过中锋、边前卫、边锋的配合在高位抢断，则射门的机会就在眼前。但是要实现这一点，边前卫必须具备出色的体能和防守能力。

中锋的防守区域

检查要点

避免中锋陷入孤立

因为只有一名中锋，所以比赛时要避免让中锋陷入孤立。

如果中锋和中场球员之间间距拉得太开，那么在防守时，即使中锋拼命追逐对方的带球队员，因为得不到队友的支援，无法给对方施加足够的压力，最后只能是徒劳。

所以，一名边前卫的站位可以靠前一点，方便支援中锋。进攻时边锋也要避免散得太开，站位要准确。

进攻时要充分展开阵形，利用宽度和纵深在对方阵形上制造空当，被抢断时要迅速恢复紧密的阵形，进行防守。

4—3—3
各位置的职责

4—3—3 阵形中责任最大的是两名组织型中场队员。就像巴萨的伊涅斯塔和哈维在赛场上的表现那样，他们除了要发动进攻，在防守时也负有重要职责。

▌中锋需要具备护球能力和进攻能力▐

中锋势必会受到对方严密盯防，因此必须具备优秀的护球能力，即使被多名对手包围也不能丢球。不仅不能被抢断，最好还能有优秀的突破、决断能力，能打破对方的密集封锁完成射门。

此外，他有时还要跑位到边路，后退到中场等，为边锋和组织型中场创造跑动的空间。中锋动作要机灵，有意识地将对方防守球员从球门前引开。

▌边前卫是该阵形中的重要位置▐

该阵形中责任最重的球员是两名边前卫中场。他们必须有高超的技术，组织进攻时不能出现失误，同时还需要出色的体能和跑位意识。请回忆一下巴萨的哈维、伊涅斯塔是怎么踢的。他们即使被两三人包围也能护住球，将球准确地助攻给前场。也能自行带球突破。当己方的球被抢断时，又能迅速转换攻防的节奏，从高位积极投身防守。他们跑动距离大，也是我们学习的典范。

后腰需要从后方支援己方进攻球员，同时监视对方前锋的动向，时刻防范对方的反击，即使己方控球也做好防守的准备。

4-3-3 各位置的职责

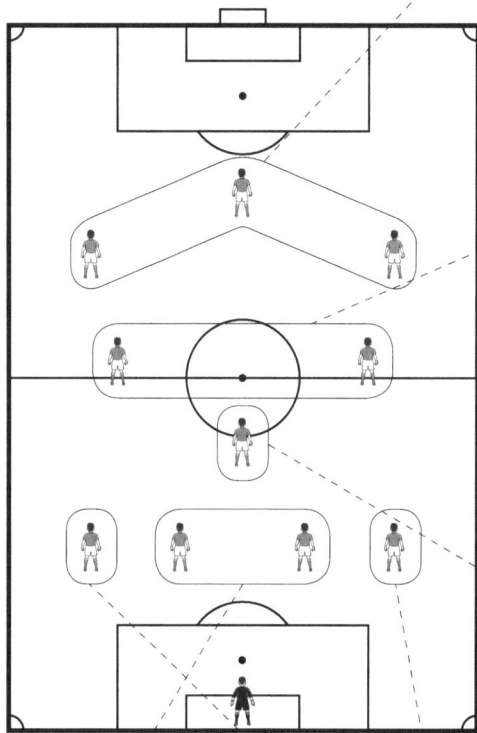

前锋（三前锋）

盯着对方边后卫和中后卫的防守区域交界处，中锋由内向外挤压或边锋由外向内挤压。或是中锋跑向右侧边路，引诱对方球员跑动，在中央制造空当，而己方的边前卫和左边锋向中央补位。

边前卫

这一位置无论在进攻还是防守时都是关键。在积极制造进攻机会的同时，一旦前方的对手露出破绽，要迅速向那里突破。如果在中央无法找到空当，则向边路展开寻找机会。视情况可以选择一些让对手难受的战术，由自己来组织进攻。

后腰

当三名前锋、两名边前卫和一名边后卫一起参与进攻时，后方只剩下了后腰、中后卫两人、边后卫一人共计四人。因此要时刻防范对方的反击，特别是当边后卫也参与进攻时要随时准备好补位。时刻注意与两名中后卫之间的距离是否合适，避免自己和后场球员之间出现空当。

中后卫

进攻时要保持靠前的站位。此时后方会有较大空当，所以要盯紧对方前锋的动向，防范对方的反击。与门将的配合也很重要。如果对方一记长传将球传到了中后卫和门将之间的尴尬位置，避免出现中后卫和门将互相让球的情况，应与门将合作应对。

边后卫

进攻时要支援前方的边前卫和边锋，最好可以保持比较靠前的站位。当对手出现破绽时，则迅速越过他们向前跑位，通过准确的传中送出助攻。如果己方另一侧边后卫参与进攻，则这一侧边后卫要警惕对手的反击。留意对方前锋的位置。

当 4—3—3 对阵其他阵形

对阵边路部署球员较多的阵形时效果良好，但是对阵注重中路的 4-2-3-1 等阵形时可能陷入苦战。

只要能够控制主动权，便可主动制造空当

只要能掌握场上的主动权，不管对方防守有多么严密，己方都可以凭借三名前锋和边前卫的配合，在对方防守区域交界制造空当。从这个角度说，不管对方采用什么阵形都是一样的结果。

重要的是己方组织进攻时不能出现失误。因此，各球员首先需要具备准确的传球、射门能力。

如果对方中路厚实，可能陷入苦战

若对手采用 3-4-3 阵形，因为边路有进攻的空间，踢起来会更简单。即使对方边前卫退至后场，形成五名后卫防守的局面也不用担心。因为后场球员的增加意味着中场变得更加薄弱。

这种情况下，只要利用对方中场边路的空当进行进攻即可。即使对方有五名后卫进行防守，只要坚持寻找防守区域交界处的弱点，肯定能够制造出空当来。

相反，若是遭遇到 4-3-2-1 这样中路厚实的对手，可能会难以突破对方防御，陷入苦战。因为在中路处于人数劣势，会承受巨大的压力。

这种情况下，边后卫应该靠前站位，以支援策应中场的球员，并且可以将对方的中场球员吸引到边路来。

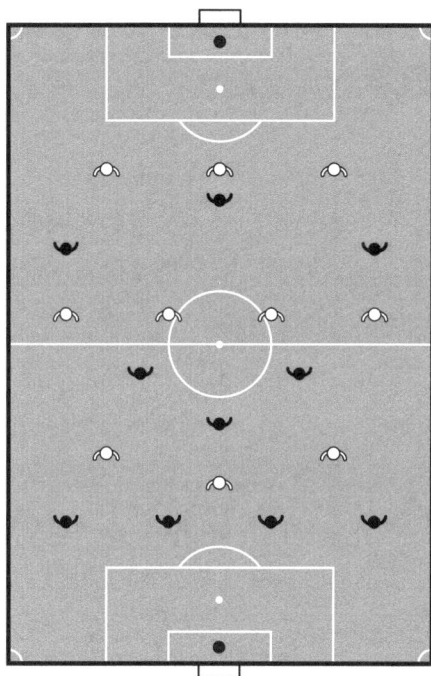

适合应对的阵形：3-4-3

即使遇到对方边前卫后退到后场变成五后卫的情况，仍然要坚持进攻对方防守区域交界处的思路。因为对方中场的边路会出现空当，己方边后卫可以保持较靠前的站位。这样的话对方边锋为了补位，将不得不向中场后退。此时，对方阵形会变成5-4-1。己方边锋和边前卫向中间挤压时，己方边路会出现空当，这个空当由边后卫来补位即可。要击破对方门前众多球员的防守，己方球员不能止步不前，伺机传中、射门的同时，也别忘了在机会合适时来一记助攻。

！要点

在进攻时，两侧边路要注意可能出现的风险。不管怎样，要在边路确立优势。

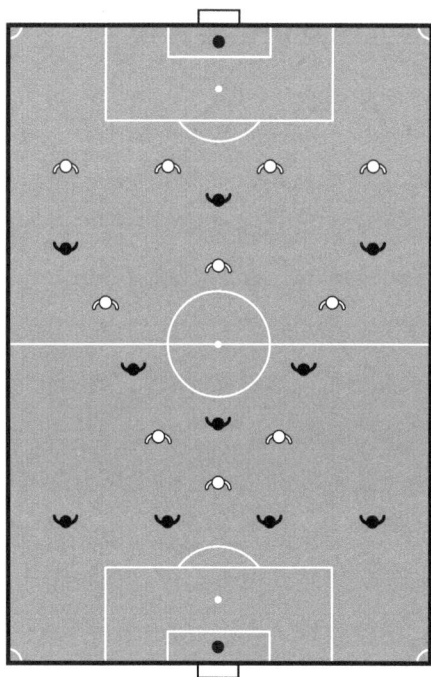

不适合应对的阵形：4-3-2-1

对方中路球员人数众多，己方陷于人数劣势。己方的两名边前卫有可能会被对方的三后腰中的两名靠边路的后腰封死。这种情况下，己方后腰不应参与进攻。此时，己方边后卫的站位十分重要。如果边后卫能保持靠前的站位，支援、策应边锋和边前卫，则对方中场球员的占位也会做出对应调整。通过将对方中场球员吸引到边路来，能有效在中路制造空当。

！要点

对方计划反击时，可能会在抢断后迅速将球传至对方中锋的位置。己方后腰和中后卫应封堵这一传球路径。

3-4-3 的特点及应用

3-4-3最大的优点在于它部署了较多的边路球员，在边路进攻时处于优势地位。这一阵形中的关键人物是两名边前卫，此二人需要具备强大的进攻能力。

善于边路攻防，同时也适合在前场实施压迫式打法

扎切罗尼执教时期的日本队有时也会使用这一阵形。进攻时，可以在边路形成人数优势，因此很适合在前场使用压迫式打法。同时该阵形善于边路攻防，在前场也能轻易实施抢断。

若是边前卫后退至后场的位置，该阵形又能转化为偏向防守的5-4-1阵形。这样虽然会削弱进攻能力，但是防守会变得更加稳固。如果注重进攻，则边前卫和边锋可以保持较靠前的站位。两名后腰在掌握好攻防平衡的同时，由一人上前参加进攻。

若在比赛中从 4-2-3-1 变为 3-4-3 阵形，边后卫的意识也要转换

以前的日本队中，边锋通常由本田圭佑、香川真司、冈崎慎司、清武弘嗣等球员来担任。不过他们与其说是边锋，不如说是两名影锋，因为比赛中他们的风格是向中间挤压，在边路制造空当，为己方边前卫参与进攻创造机会。日本队的边前卫以前由内田笃人、长友佑都或酒井宏树等人来担任，他们需要有在前场活动的能力。

假设比赛中球队要从 4-2-3-1 阵形转为 3-4-3 阵形，边后卫转为边前卫。则这名边后卫，必须极大地改变原来的战术意识。因为 3-4-3 阵形中的边前卫站位往往都比较靠前，需要积极地参与进攻。

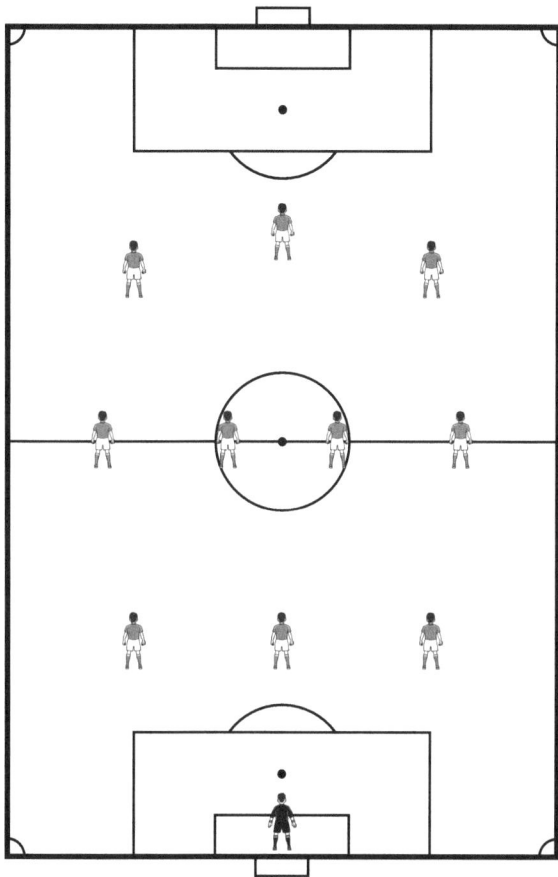

3-4-3 的特点

该阵形可以通过边前卫前压，轻易在边路形成人数优势。如果己方边锋是向中间挤压，控球娴熟的类型，则边前卫应向两侧展开，寻找向前突破的机会。如果边锋是倾向于自己带球突破的类型，则边前卫只要将球传给边锋，跑动到球门前即可。有时己方阵形会转换为 5-4-1，可以有效提高防御能力。

！要点

边前卫参与进攻时，后腰中应有一人留在原位，与三名后卫一起组成四人防守阵容。

▌边前卫靠前站位，积极参与进攻▐

　　该阵形对边前卫这一位置要求很高。如果边前卫不能保持靠前站位，没有优秀的进攻能力，前场的边锋就会陷入孤立。原本可以在进攻时形成人数优势，结果却适得其反。从这一点来看，边前卫如何保持靠前站位很关键。

　　如果边锋向两翼张开，则边前卫从内侧上前接球。若边锋向中间挤压，则边前卫从外侧前压接球。之后，再以一记准确的传中来助攻，或者自己带球突破攻门。边前卫需要具备这样的进攻能力。

若压迫式打法被化解会陷入危险，应对反击的能力较弱

该阵形前场、中场厚实，球员部署较多，因此很容易在靠前的位置实施压迫式打法。中锋、边锋、后腰可联动将对方逼向边路，同时封堵其传球路径并抢断。但是要注意，如果压迫式打法被对方化解，己方容易陷入非常危险的境地，因为己方后方有很大的空当，但是后场只有三名后卫。

除了压迫式打法被化解的时候，这个阵形在其他情况下应对反击的能力也比较弱。因此3-4-3阵形对中后卫的一对一能力、跑位意识、判断能力等都有较高的要求。

遭到反击时，中后卫要拖延对手

在以少敌多的情况下时，中后卫不能轻易冲上前去。因为一旦自己被绕过，身后便只剩下门将了。所以中后卫这个最后的堡垒不能轻易被别人打败。

遭遇反击时，中后卫的正确策略是拖延对手。对手带球来攻时，为了让队友有时间回来支援，中后卫应和对手保持一定的距离，将后防线向后拉，拖延对方的时间，等队友回防后，和队友合力抢断。中后卫需要具备这样的行动意识和判断力。或者也可由中后卫中的一人前去应对，而边路的己方队友向中间收缩，加强中路防御，不过要经常使用这种方法的话，配合一定要默契。

对战约旦时因吉田的应对失误而失分

2013年3月26日，巴西世界杯最终预选赛，日本队对战约旦队时（日本队客场1：2不敌约旦队），就是因为左侧边路被突破，被进了决胜一球。当时的中后卫吉田麻也被对方吸引至边路。当时日本队中路人数较少，而吉田仍然朝边线跑去试图抢断，然而抢断失败被绕过，对方队员直接带球攻门。

当时吉田应该和对方保持一定的距离，同时封堵对方带球进攻球员的路线，拖延时间，等待队友回防。

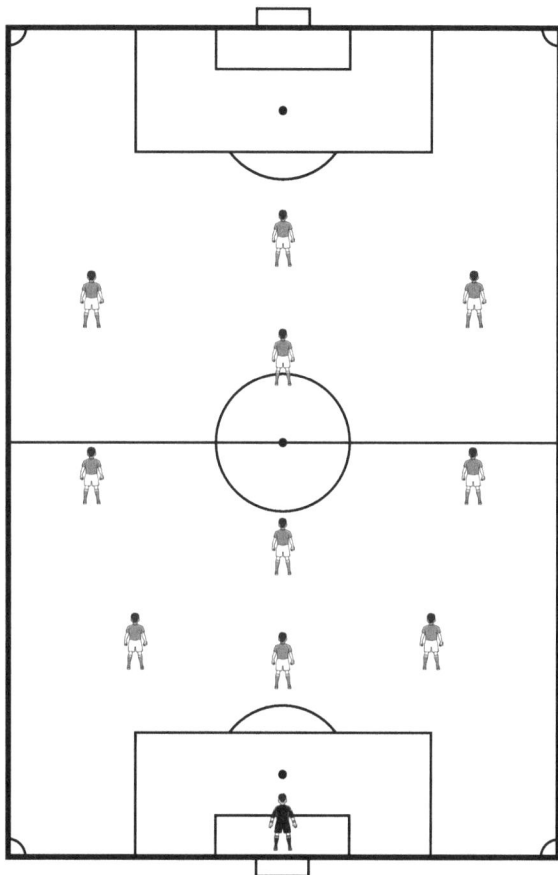

阿贾克斯型 3-4-3 阵形的特点

中场球员采取菱形站位而非一字排开，进攻性更强。在这个阵形中，担任进攻型中场的球员需要具备全方位的能力，包括优秀的控球能力、进攻能力、传球意识和盘带球能力等。中场球员牢牢掌握控球权，在比赛中总是掌握着主动权。

检查要点

虽然防守存在弱点，但具备强大的进攻潜力

　　过去曾执教阿贾克斯和巴塞罗那俱乐部，以及荷兰国家队的路易斯·范加尔偏爱的 3-4-3 阵形，有时会被称为 3-3-3-1 阵形。

　　他在巴萨执教时，在进攻型中场这一位置起用了善于组织进攻的里瓦尔多、里克尔梅等球员。因为中场厚实，球队更容易掌握控球权，同时也更容易在边路制造人数优势。

　　要使该阵形充分发挥作用，必须有优秀的中后卫。

3—4—3 各位置的职责

3-4-3 阵形中，三名后卫所负责的防守区域较大，因此若遭遇快速反击，很可能会被攻破防线。此外，部署在后腰这一位置上的两名球员，不仅要具备防守能力，还要具备较强的进攻能力。

后场三名后卫互相传球时，站位会比较分散。这种状态下，若是向前传球时被抢断，遭到快速反击，己方会陷入非常危险的境地。因此后卫要注意，传球时不要犯低级错误。特别是传给后腰的短传，绝不能出现失误。

要记住，如果后卫在己方半场丢球，很有可能会失分。

┃若是边前卫站位靠后，则进攻能力也会降低┃

后腰总是对方盯防的目标。因为对方也会试图高位抢断，所以中后卫给后腰传球或边前卫传球给后腰的时候，都会感受到来自对方的压力。

因此后腰队员除了要具备防守能力外，还要有化解对方围攻，甚至展开反击的能力。同时还应具备足够的脚下功夫和判断能力，接球后能够迅速地将球传出，并做好再次接球的准备。

边前卫则要避免站位过于靠后，应融入后场。因为边前卫后退，转换成五后卫模式，会导致进攻球员人数不足。为了填补中场边路的空缺，边锋也不得不后退，这会削弱该阵形的进攻能力。

此外，事先应制定好如何在狭小空间打开局面的团队战术等。

3-4-3 各位置的职责

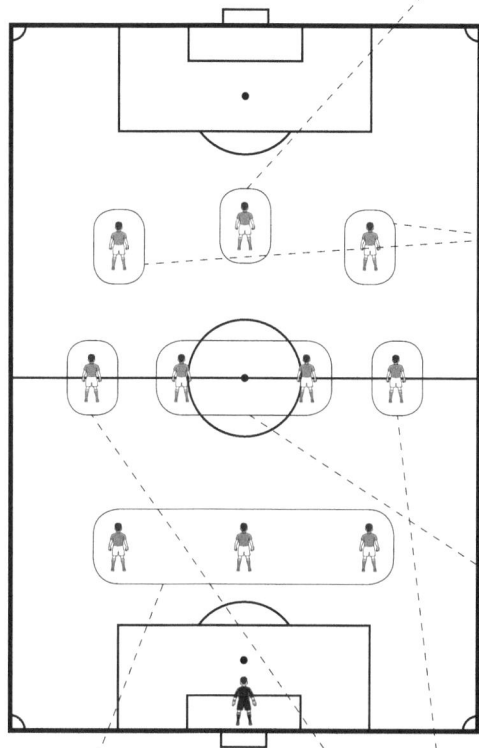

中锋

有些前锋会在前场和中场之间往返跑动，跑回中场接球，再向前压。但是 3-4-3 阵形中的中锋在全队整体都前压的时候，最好不要退回中场，应保持靠前的站位，伺机突破对手后防。防守时，要有意识地尽可能在高位抢断。如果对方中后卫带球，则将其逼向边路。

边锋

如果边锋是传球型边锋，只要向中间挤压，在边路为边前卫参与进攻留出空间即可。如果边锋是突破型边锋，则应该向两翼展开，增加战术宽度。边锋和边前卫一样，比赛中都应尽量保持靠前的站位。

后腰

注意把握和队友之间的距离，避免间距太大。一人参加进攻时，另一人应留下来防守。这个原则不仅适用于后腰，同样适用于全体队员。若其中一人脱离原来位置产生了空当，另一人要迅速进行补位。进攻和防守时都要注意场上的空当。

三后卫

三名后卫需要强壮和敏捷。中间的后卫需要时刻注意两边队友的位置，若是彼此距离太远，要出声提醒他们。两边的球员可以视情况上前参与进攻，但要尽可能避免风险。处于人数劣势时，不要强行上前逼抢，拖延对手的进攻，等待队友回防即可。

边前卫

这是关键位置，边前卫处于中线之前时完全可以按照前锋的感觉来踢。若是在高位得到传球，可与边锋配合，向前突破，或者自己带球切入，发现时机时积极射门。有时甚至可以深入到对方禁区。

当 3-4-3 对阵 4-3-2-1 阵形时，在防守上会面临众多难题。另一方面，3-4-3 阵形配备三名前锋，若对方使用三后卫的阵形，则 3-4-3 阵形可以充分发挥其效果。

如果对方中锋能够自由活动，则己方难以应对

不管采取什么样的阵形，都要警惕对手将球传到己方防守球员难以应对的区域。比如说当 3-4-3 对阵 4-3-2-1 阵形时，双方的中场球员站位并不重合。己方的两名后腰和两名边前卫如何应对对方的三名后腰是一个问题。

此外，对方的两名影锋后退到中场也会非常难以应对。此时，应当由中后卫去追赶，还是由后腰进行盯防，必须准确判断。

此外，三名后卫应对一名中锋并不是想象得那么简单。虽然有着三对一的人数优势，但若对方中锋摆脱了盯防，不管己方采取人盯人防守还是区域防守，都会陷入难以应对的境地。盯防者应该盯到什么程度，在什么地方交接防守等问题，最好在赛前就制定好预案。

若对方为三后卫，则边路球员前压

若对方使用 3-4-1-2 等三后卫阵形，则己方边锋和边前卫可以前压，以充分利用前场两侧的空间。若对方转换成五后卫阵形，则己方边锋和边前卫可以向两翼展开，在边路接球，从而将对方后卫引过来，制造空当。之后，可由队友利用此空当发起进攻。队员要熟练掌握制造空当的方法，这样即使对方防守宛若铜墙铁壁，己方也能瓦解其防御。

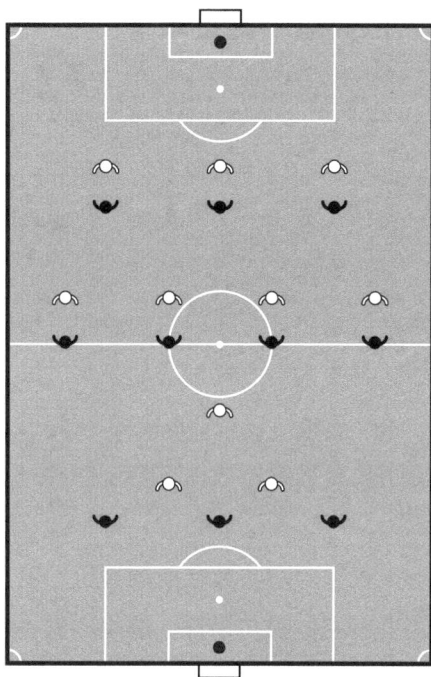

适合应对的阵形：3-4-1-2

己方可以通过边前卫前压，将对方边前卫挤压至后卫一线。己方前场球员人数与防守方相同，因此在得到附近队友支援时，很容易形成人数优势。因此该阵形十分适合进攻。当然，对手很可能不会维持后防线 3v3 的情况不变，对方边前卫极有可能后退到后防线进行支援。不过这样一来，中场就会有己方球员能够摆脱盯防，己方更容易掌握主动权。唯一值得担心的是己方在中场中央可能会陷入人数劣势，不过只要己方能牢牢掌控球权，这就不是问题。

！要点

对方的前腰由己方后腰来盯防，对方两名前锋则由己方的左右两名后卫来盯防。在后防线上，最好保证己方比对方多出一名球员。

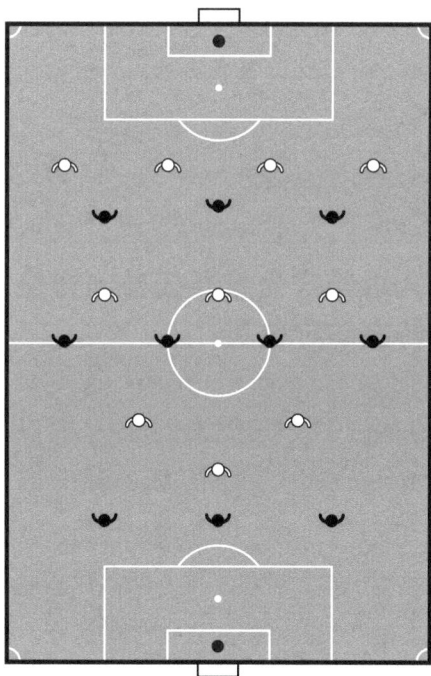

不适合应对的阵形：4-3-2-1

因为己方有三名后卫，所以若对方有两名中锋，则相对容易盯防，若对方只有一名中锋，防守反而会变难。人盯人盯防时，防守队员容易被引开，区域防守时，防守区域交界处又容易被偷袭。此外，若是两名后腰的注意力完全被对方左右两名影锋吸引，中场又会出现空当。同 4-3-2-1 阵形对战时，中场的应对十分困难。并且，后防线需要不断根据形势进行相应的调整。

！要点

进攻时，边锋和边前卫向两翼展开，迫使对手的中场、后场球员也左右展开。进攻球员最好能具备靠一己之力制造空当的能力。

4-1-4-1的特点及应用

中场配置有五名球员的 4-1-4-1 阵形非常适合防守。但是，进攻很大程度上依赖仅有的一名前锋，因此这名前锋需要具备良好的控球能力，能够带动进攻节奏。

组织防守，拦截对手的进攻

4-1-4-1 是一种从 4-3-3 演变来的偏向防守的阵形。虽然球队很难在前场进行抢断，但是在中场部署了包括中场自由人在内的五名球员，很容易防守、拦截对方。

防守时基本是区域防守，阵形的前后左右都比较平衡，容易确定各自的防守区域。如果第二排的边路球员前压，该阵形也可以转换成 4-3-3 阵形。因此一些球队在进攻时采取 4-3-3 阵形，防守时变为 4-1-4-1。

就这个阵形来说，球员与其在前场逼抢，不如在中场拦截，稳扎稳打。换句话说，该阵形也有可能被压制。有时第二排四名球员可以后退到与中场自由人一列，以 4-5-1 的形态迎战，或是中场自由人后退到后卫线，以 5-4-1 的形态迎战。甚至还可以让唯一的一名前锋后退到中场，转变为 4-1-5 或者 4-6-0 等比较非主流的阵形。

中场自由人以防守为首要任务，即使进攻也要待在防守位置

从固若金汤的防守状态迅速转入反击，可以打出不错的效果。队员在中场或是后方成功抢断后，应首先确定己方前锋的位置。如果可以传球，则尽可能快速地将球传出。之后第二排的四名球员要迅速反应，上前支援、策应。要实现这样的固守、快攻战术，必须有一名优秀的中锋。

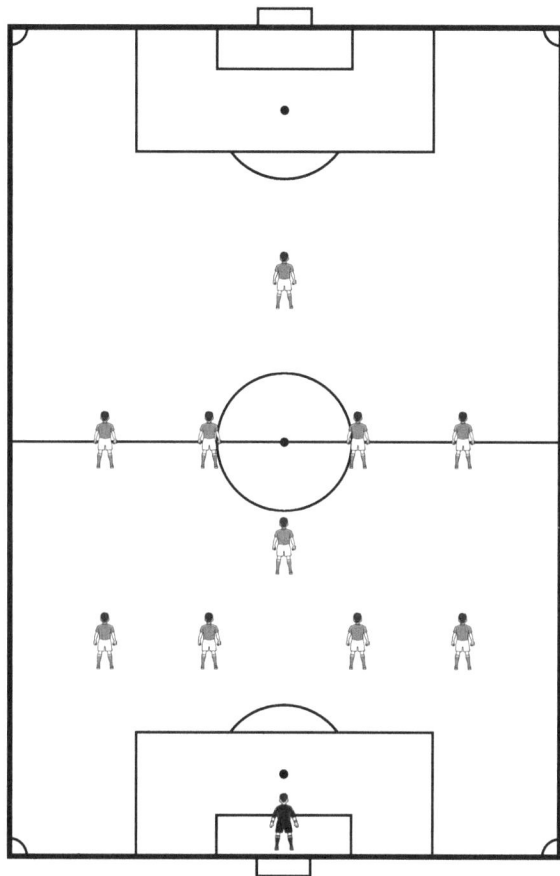

4-1-4-1 的特点

该阵形的特点在于进攻、防守都比较稳健。进攻时由前方五名球员加上一侧边后卫共计六人组成进攻阵容。防守时第二排四名球员后退，与中场自由人并列，组成共计九人的防守阵容。中场自由人担负着重要的职责，这样可以保证时刻有着稳健的防守。通常中场自由人不太参与进攻，根据场上形势，随时可以回撤到本方半场更深的位置防守。

！要点

中场自由人两侧的空间容易被人惦记。因此第二排的四名球员要注意对方传球的位置，并对中场自由人两侧的空当进行补位。

如果能直接将球传给最前方队员，中锋带球突破直接进球自然是最好的。但是很多时候，中锋会遇到对方多名球员的联防。因此除非具备十分出众的个人能力，不然中锋很难靠个人的力量实现突破。

中场自由人担负着封堵对方进攻的职责

日本横滨水手俱乐部的马蒂努斯就是一名理想的中锋球员。他常常在边线附近侧身对着球门等待队友传球，即使对手贴上来防守，他也能靠自己灵巧的运球和转身突破防守，向球门推进。同时他也具有良好的护球能力，能够在对方半场带球不失，等待队友前来增援进攻。4-1-4-1 阵形中担任中锋的球员，可以将马蒂努斯的场上动作作为参考。

4-1-4-1阵形中场自由人也承担着重要的职责，那就是防止对手将球传给对方进攻的关键人物——前锋和进攻型中场。因此，中场自由人是一名防守自由人，承担着封堵对手进攻的职责。

所以，在进攻时，他要考虑时机是否合适，不要在缺乏良好时机时强行进攻。同时，一刻都不能放松防守，在场上保持合理站位。

中场自由人的两侧为危险区域

防守时有一点必须注意，那就是各排球员之间的距离不要拉得太开。不过，实战中确实很难保持第二排球员和最后一排球员之间的合理间距。

中场自由人前后两排球员之间的距离若是拉得太大，后防线前方就会形成空当。而距离太近，又会在中场造成空当，并且导致己方的前锋陷入孤立无援的状态。

站在对手的角度上思考就会明白，4-1-4-1阵形中场自由人的两翼存在空当。如何应对攻入这一区域的对手，是采用4-1-4-1阵形的球队面临的重要课题。

4-1-4-1站位简洁而规则

区域防守策略下，每个球员都有固定的防守区域，若比赛中阵形被打乱，要记得互相支援补位。若中场自由人越过中场的空间向前进攻，则中前卫要去补位。若中后卫被对手吸引脱离原来的位置，则边后卫和中场自由人要去补位，填补门前的空当。

为了取得比赛胜利，在防守时进行抢断固然重要，但更重要的是保证球门不失。因此，若场上出现让你感觉危险的空当，应脱离原来的位置进行补位。

因为4-1-4-1阵形各球员的站位排列比较规则、简洁，所以球员向前后左右移动、补位都比较方便。

前锋陷入孤立

容易被盯上的区域

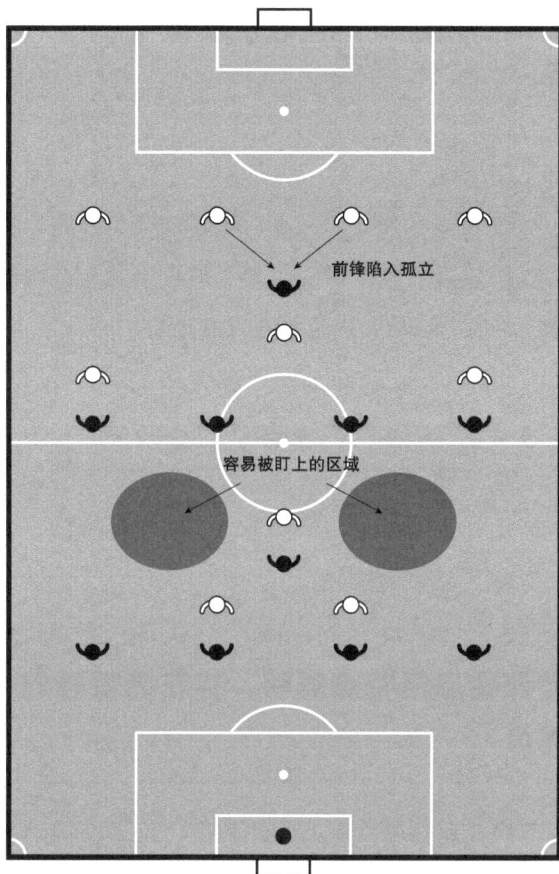

4-1-4-1 阵形的弱点

4-1-4-1 整体呈四条阵线，中场自由人的两端存在空当，对手自然会盯上这两个空当，向这里进攻。应对进攻最有效的方法是靠第二排的四名球员盯死对手的带球球员，不让其将球传到前方。

检查
要点

保持阵形紧密，不要让前锋陷入孤立

该阵形可以通过调整第二排球员的位置，进行多种多样的阵形转换。比如两名边前卫压前，则阵形变为 4-3-3，两名边前卫后退变成两名后腰，可以转换为 4-2-3-1 阵形。还可以让中场自由人后退，变为三后卫或五后卫的阵形。

虽然该阵形可以进行多种变化，但也有弱点，那就是一旦各阵线之间距离拉得太大，中场自由人两侧的空当就会被对手利用，前锋也容易陷入孤立。因此，比赛中四条阵线要始终保持合理距离，保持阵形的紧凑。

4-1-4-1 各位置的职责

4-1-4-1 阵形是一个追求防守反击，并且是快速反击的阵形，因此后排队员需要具备精准的长传能力。前锋常常会在对方球员的包围下得到传球，因此前锋这个位置的球员应具备较高的护球能力。

长传的精度决定进攻的质量

不管什么阵形都要求后方球员有较好的长传精度、进攻能力。4-1-4-1 阵形更是如此。因为 4-1-4-1 阵形的精髓是从坚守迅速转变为反击，抢断后攻防转换的速度至关重要。能否迅速、准确地将球传给前方球员，决定着进攻的质量。

因此，中后卫、边后卫等球员除了要具备出色的防守能力外，还应该拥有准确的长传技术。中场自由人也一样，应时刻保持能够传球的状态，以便在抢断后能迅速将球传给前方球员。在比赛中，要时刻留意己方前锋的位置。

前锋要启用特点鲜明、存在感较强的球员

前锋注定要受到对方严密盯防，但即使被对手包围，被身后的人盯防，也绝不能丢球。应护球并等待队友的支援。或是通过精妙的假动作突破对手的防线，单刀攻门。前锋这个位置上应部署有强烈个人特点、有存在感的球员。

4-1-4-1 阵形中的边前卫需要积极参加防守。如果是 4-3-3 阵形，边锋位置上可以用一些进攻型队员，而 4-1-4-1 的边前卫需要不逊于边后卫的防守能力。也就是说，这个位置上可以部署一些进攻能力优秀的边后卫。

4-1-4-1 各位置的职责

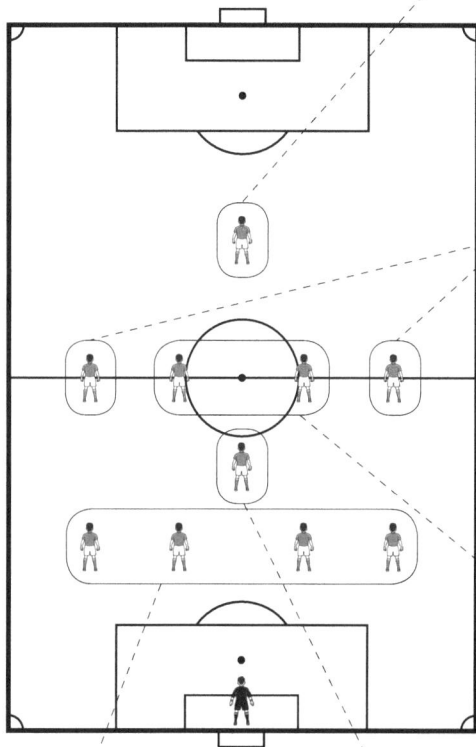

前锋

作为前场唯一的目标，肯定会受到严密盯防。因此，前锋需要具备强健的身体素质、出众的护球能力以及出色的意识。同时还要具备出色的个人技术和敏捷性，能够在接到传球后迅速突破。进攻时应该趁对手防守阵容尚未准备充分，迅速完成破门。

边前卫

对攻防节奏的把握非常重要。一般来说，边前卫要和中前卫保持一致的阵线，以防守为重。如果己方控球，并且球被传给前锋时，要迅速上前支援。要进行激烈的前后跑动，因此需要具备一定的体能。如果边前卫在高位带球，应该发挥边锋的作用。

中前卫

中前卫需要积极参与防守，同时在攻防转换时要迅速行动。特别是己方将球传给前锋时，要迅速上前支援策应。从防守迅速转入反击，需要夺球后迅速将球传到前方并完成射门。因此，中前卫必须在场上积极跑动。

四后卫

尽量避免球门前区域出现空当。如果对手将球传入己方中场自由人两侧的空当区域，不要轻易冲上前去，应该阻断对手的射门路线，在队友回援后配合抢断。边后卫应以防守为重，比赛中要注意和中后卫的距离，以及后排防线的调整等。

中场自由人

中场自由人需要保持良好视野，掌握全局动向，时刻保持准确的站位。还需要有良好的防守意识，能够判断对方接下来的进攻重点在哪里。同时还要善于一对一，善于空中战。他担负着击溃对手前锋和进攻型中场等关键进攻人物的职责。

当 4-1-4-1 对阵其他阵形

一般来说万能阵形 4-1-4-1 最适合对阵三后卫的阵形。对阵 4-4-2（蝶形中场）等中场纵深较大的阵形时，则比较脆弱。

该阵形富于变化，能够随机应变

因为边前卫位置靠后，同时后防线又部署有一名中场自由人，因此该阵形比较适于防守。同时，通过调整第二排四名球员以及中场自由人的位置，能够进行多种多样的阵形转换，阵形富于变化，不管遭遇怎样的对手都能应对。

但是该阵形遭遇 4-4-2（蝶形中场）等纵深型中场的阵形时，会比较吃力。若中场自由人被对方进攻型中场吸引，导致正中央出现空当，会非常棘手。不过另一方面，4-1-4-1 阵形中各球员的排列比较规则，向各方向调整位置也比较容易，因此若有人脱离原来的位置，其他人比较容易补位。

前锋行动自由，适合对阵三后卫阵形

4-1-4-1 适合应对三后卫阵形，而不仅限于 3-4-3。第二排的边前卫、中前卫的前方有一定的活动空间，同时前锋的行动也比较自由。可以通过边前卫前压，转换成 4-3-3 阵形，将对手的边前卫压向后方。这时对方边前卫后退，转为五后卫，防守人数增加，但是进攻时，中场过于薄弱，很难衔接，难以将球送至前方。

中场自由人要以防守为重，避免站位过于靠前，要把握全局，进行调整和修正。中场自由人是防守时的第一道防波堤，担负着重要的职责。

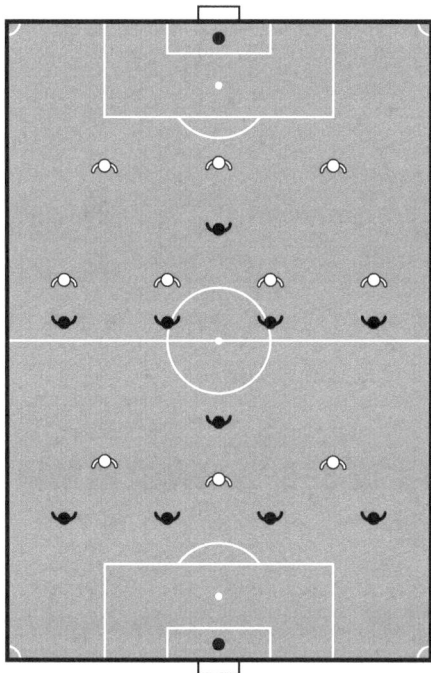

适合应对的阵形：3-4-3

中场自由人位置靠后时，可以在后方对对方三名前锋形成五对三人数优势。中场自由人位置靠前时，可以在中场对对手形成五对四优势，并且此时后方保持着四对三的人数优势。进攻时，单前锋也适合应对三后卫。如果是两名前锋，会分别被对方左右两名后卫盯防，而对方又有多出来的一名后卫，可以随时补位、策应。反而是单前锋，因为跑动更加自由，会让对方的三名后卫难以盯防。并且前锋两侧有活动空间，第二排的边前卫、中前卫可以在合适时参与进攻。

！要点

后方球员和中场自由人要避免被对手三名前锋的动作迷惑。若是有人被引开，周围球员应立即补位。

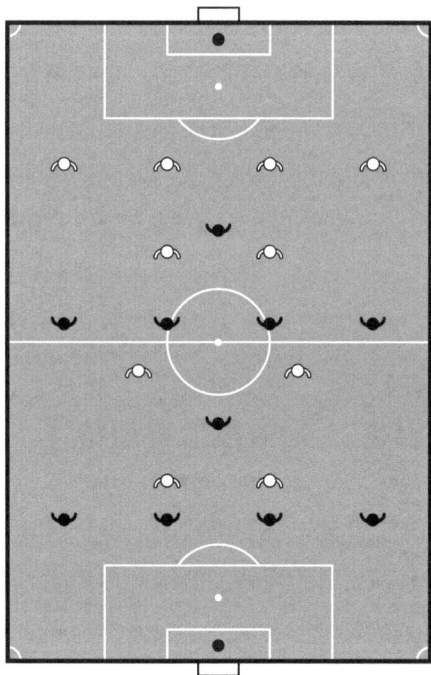

不适合应对的阵形：4-4-2

如何应对对手的立体中场是一个重要课题。若边前卫向中央靠拢，则边路会出现空当，若是对手边后卫趁机从此处进攻，会非常棘手。为了应对对手后腰，前锋也不得不后退。虽说4-1-4-1是一个防守型阵形，但是对上4-4-2（蝶形中场）时可能会被压制。因此，若4-1-4-1无法有效发挥作用，可以视情况将阵形调整为4-3-3、4-2-3-1或是五后卫阵形。

！要点

如何应对对方进攻时的关键人物——两名进攻型中场，是一个重要课题。仅靠中场自由人一人很难应对。

3-5-2 的特点及应用

过去配置两名后腰的 3-5-2 阵形正在逐渐消亡，但是一后腰、两中场、两影锋的新型 3-5-2 阵形的应用却在增加。后腰是场上的关键人物。

配置进攻型中场的 3-5-2 曾经是主流

曾经的主流阵形 3-5-2 的中场配置是两名后腰、两边前卫和一名进攻型中场。这样的配置下，进攻型中场必然会受到对手严密的盯防，难以组织进攻。无法在前场组织进攻，就会导致己方陷入劣势。结果，边前卫也迫于防守压力退到后场，转变成事实上的五后卫阵形，进攻会变得更加困难。

近年来的主流 3-5-2 以尤文图斯俱乐部为典型

因为上述原因，出现了以尤文图斯俱乐部为代表的新型 3-5-2 阵形。新阵形对中场的部署进行了调整，变为一后腰、两边前卫、两进攻型中场的配置。两名进攻型中场能够分散对手的盯防，更容易在前排发起进攻。不过另一方面，后腰减少至一人，却要照顾到三名后卫面前的广阔区域，后腰的压力着实变大了。进攻时，后腰也担负着重要任务。因此，要让该阵形充分发挥作用，必须有一名出色的后腰队员。

如果后腰出色，则效果值得期待

尤文图斯的前后腰球员安德烈亚·皮尔洛具备出众的护球能力、开阔的视野、组织进攻的能力和良好的体能。在意大利他被称为 Regista（意为导演）。由他这样的中场节拍器式的队员来踢后腰的位置，

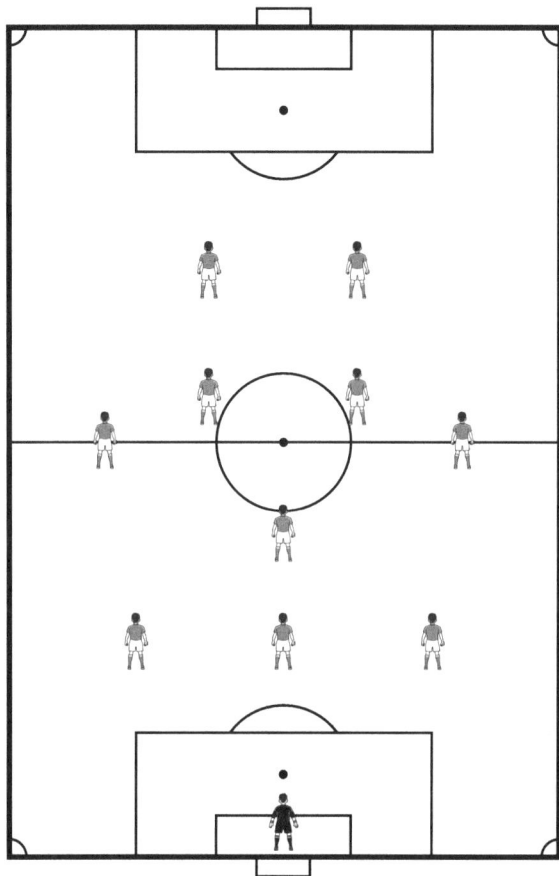

3-5-2 的特点

这种单后腰、双前腰的新型 3-5-2 阵形也被称为 3-1-4-2 阵形。处于中场靠后位置的后腰承担着组织进攻的职责，因此这个位置必须部署优秀的球员。边前卫不要冒险参与进攻，应以协助后腰进行防守为重。

! 要点

两名前腰的位置靠近前锋。如果后腰受到的盯防过于严密，也可以由前腰后退下来组织进攻。

能够从中场的深处发起进攻，可以使用控球打法，通过准确的连续传球最终攻门，也可以利用前排的人数优势，使用压迫式打法。

这一阵形适合想要掌握主动权、偏向主动出击的球队使用。不过，要用好并不容易，没有一个优秀的后腰队员，很难发挥这一阵形的优势。

▌边前卫要有意识地协助后腰进行防守▐

为何要在后腰位置上部署节拍器式的队员？因为前腰等位置靠前的中场队员势必被对手严密盯防。

所以，与其让前腰球员冒险发起进攻，不如将后方的球员作为进攻的起点。他们处于中场靠后位置，受到的盯防会相对较弱。能否成功从这个位置发起进攻，决定了 3-5-2 阵形能否发挥出作用。

只要后腰没有被盯死，就有很多机会。在后腰的前方有边前卫、前腰、前锋共六人，因此，判断进攻方向的任务可以交给后腰。

不过要注意一点，若边前卫两人都参与进攻，则整体防守能力会变差。因此边前卫应以防守为重，做好支援后腰的准备。

后腰的位置会被对手着重盯防

该阵形的长处也是它的短处。对手也知道，这一阵形的关键在于后腰。因此以前尤文图斯的对手在赛场上总是优先盯防皮尔洛。也就是说，对手更容易找到优先盯防的目标。

此外，若是后腰被抢断，很可能会被对手进球。因此后腰这一位置上的球员必须有出色的护球能力，即使被众多对方球员包围也能护球不失。

边前卫要协助后腰，也要避免后退过多

周围球员在需要时要对后腰进行支援。特别是边前卫要有支援后腰的意识。比赛过程中，边前卫要向两翼展开，有时要压前，但不要一去不返。有时边前卫要和后腰、前腰站成一条水平线。队员应视场上情况，选择合适的站位。

不过，也要避免边前卫太过靠后，变成五后卫。需要退至后防线进行防守时，要避免这种状态持续太长时间。3-5-2 的优势在于进攻。

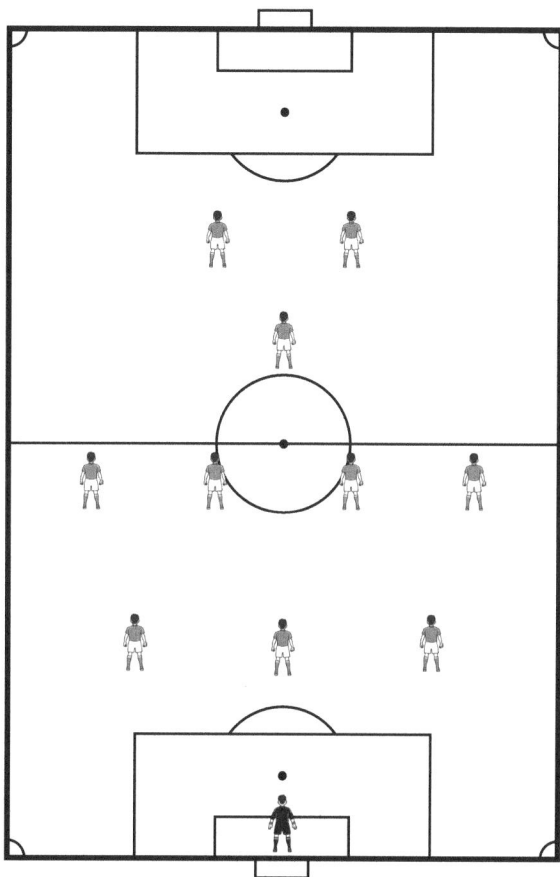

过去的主流 3-5-2（3-4-1-2）

中场的构成为两名后腰、两名边前卫和一名前腰。有时也称为 3-4-1-2 阵形。过去，这是 3-5-2 阵形中的主流。因为承担组织进攻任务的前腰承受着巨大的盯防压力，很难有效发起进攻，因此使用这一阵形的球队越来越少。

检查要点

随着时代的变迁，3-5-2 阵形也发生了变化

过去的主流 3-5-2（3-4-1-2）阵形中，若边前卫位置靠后，则前场只有三名球员。因此很难在前场进行逼抢，很容易被对手压制。有时，边前卫还会迫于防守压力，不得不后退至后场，被迫转变成五后卫阵形。

若将前腰增加至两人，可以大大提高前场逼抢能力，进攻时两名前腰可以分散对手的盯防。并且从后方、对手盯防较弱的后腰位置发起进攻，更加有利。于是，3-5-2 阵形逐渐演变成现在的模式。

3-5-2 各位置的职责

现代 3-5-2 阵形中的关键是后腰。这一位置的球员不仅需要防守能力，还要具备组织、发起进攻的能力，因此最好在这一位置部署脚下技术出色、传球精准的球员。

进攻球员不要松懈，努力创造传球路线

两名前锋、前腰在己方控球时也不要松懈，要时刻保持良好状态，随时接应后方的传球。己方三名后卫和后腰带球，若是没有合适的传球路线，就会给对方以逼抢的时间。若是在靠近球门的位置被抢断，很可能被对手进球。

因此，后卫和后腰要有一定的护球能力。同时中后卫在己方控球时要时刻提防对手的逼抢。在对手尝试逼抢时，中后卫可展开反击，绕过对手，将球带向前方。

基本技术要熟练掌握

3-5-2（3-1-4-2）阵形中，发起进攻的位置比较靠后，中后卫和后腰控球的时间相对比较多。这意味着中后卫和后腰都要面临对手的逼抢压力，因此他们必须具备高超的个人技术。

停球、踢球、运球等基本技术，不管什么阵形、什么位置的球员，都应当越娴熟越好。如果不能熟练掌握这些基本技术，那么在比赛中可能完全无法执行战术。如果球员能随心所欲地控球于脚下，则战术选择的范围会变得更大，能够驾驭的位置也会增加。

3-5-2 各位置的职责

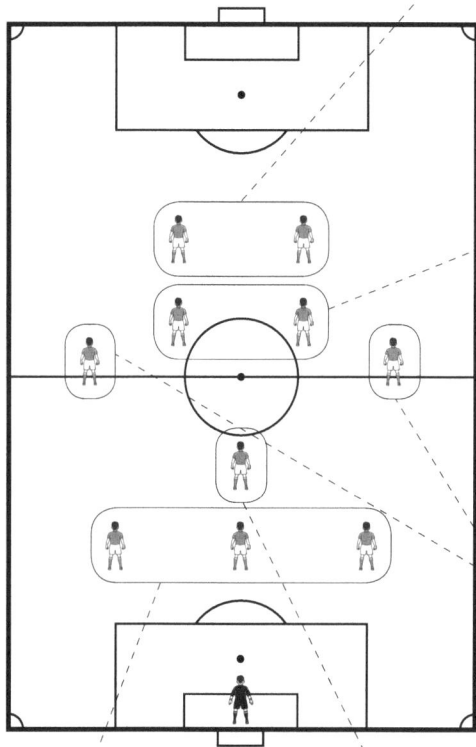

双前锋

与两名前腰配合而动。因为前腰会送球来，有时可以视情况背对球门等待传球，通过高位策应战术，突破对手后防线。因为有时需要前场的四名球员通过连续传球突破对手防御，因此前锋需要具备较高的个人技术，能够在接到传球后迅速而准确地传给下一个人。

前腰

站位尽可能靠近前锋，有时也可以视情况需要越过前锋。可以以尤文图斯的马尔基西奥为榜样。他在场上的跑动范围广阔，既能支援后腰，也会跑动到边路制造进攻机会，有时还会自己突破到球门前完成射门。

边前卫

适合擅长进攻的边后卫球员来踢。需要具备向前突破的能力、准确的传中能力以及高超的防守能力。因为自己身后的后腰和三名后卫加起来只有四名球员，因此不要参与需要冒险的进攻。同时要注意与前腰和前锋配合，有效利用前方空间。

三后卫

在己方发起进攻时，后方传出的球必须准确。特别是左右两名后卫，当他们向两翼展开，接到传球后，身后空无一人。他们必须在这样的条件下保持控球，若缺少合适的传球路线，或传球太慢，则容易被对手抓住破绽，容易被抢断而陷入困境。

后腰

处于对手盯防相对较弱的中场深处的后腰，承担着通过准确的传球组织进攻的职责。请以尤文图斯的前球员皮尔洛为榜样。这一位置需要球员具备积极参与防守、积极在场上跑动等与个人技术关系不大的能力。同时要保持视野开阔，在比赛中时刻把握场上态势。

105

当 3-5-2 对阵其他阵形

3-5-2 可以说就是为了对付 4-4-2（平行中场）而生的。在对阵两影锋的 4-3-2-1 阵形时会比较吃力。

场上出现意外状况时，要自主做出判断

3-5-2 阵形可以说是为了克制 4-4-2（平行中场）而生的，场上各球员都有明确的盯防对象。从防守的角度来说，采取 3-5-2 的球队在后场和中场都多出对手一人，有人数优势，3-5-2 确实适合应对 4-4-2（平行中场）阵形。

但是足球和象棋不同，球员的运动不会完全按照阵形的设置来。即使己方在战术板上的推演中占据了优势，但实战中对方往往会采取出人意料的行动。

执行约定好的战术很重要，但是当场上出现意外情况时，应自主做出判断，并且恰当应对，防止陷入困境。

后腰两侧的区域是弱点

虽说 3-5-2 阵形不适合应对 4-3-2-1 阵形，但是如果采取合适的对策，还是能取得较好的结果的。最让 3-5-2（3-1-4-2）阵形中的队员难受的事，就是对方在其后腰两侧部署球员。而 4-3-2-1 阵形的两名影锋的站位，恰恰就处在 3-5-2 的后腰两侧。

假设在比赛中，控球权被对方取得，己方处于劣势。这个时候就不需要再拘泥于原有的阵形了，因为足球比赛的首要目的是胜利。此时可以通过前腰后退或者边前卫向中间靠拢的方式调整为三后腰阵形。

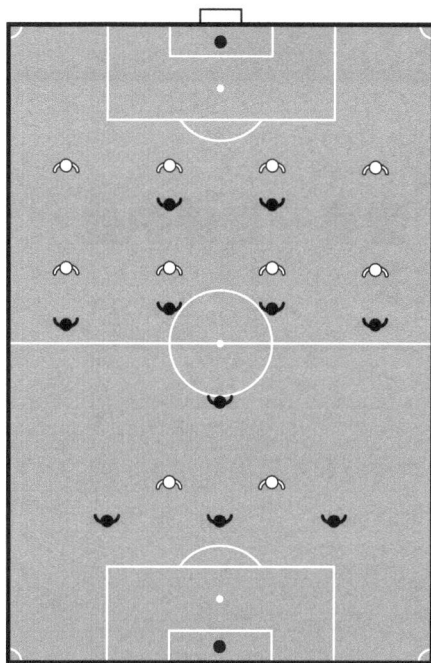

适合应对的阵形：4-4-2（平行中场）

左右两名后卫负责盯防对手的两名前锋，中场球员各自盯防面前的对手。因为己方前腰人数与对手后腰人数相同，盯防起来比较容易。并且，在后场和中场，3-5-2阵形都多出一人，在防守时很容易形成人数优势。因为3-5-2原本就是用来对付4-4-2（平行中场）的阵形，因此各位置都可以完美契合。

！要点

后腰和后方中间的那一名后卫球员尽可能保持自由状态，以便随时对周围进行支援。

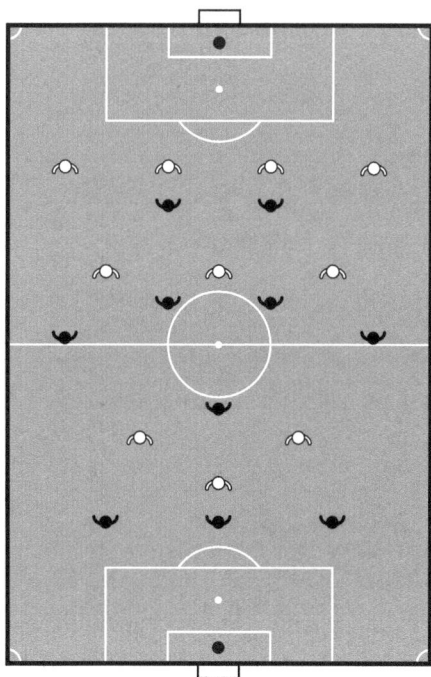

不适合应对的阵形：4-3-2-1

3-5-2（3-1-4-2）阵形的关键人物——后腰的两侧会有两名对手的前腰（影锋）。如何应对这两人加上中锋所组成的三人进攻小队是关键。一种比较现实的做法是，左右两名后卫盯防两名影锋，后腰盯防对手中锋。但这样一来，后卫很难准确判断盯防对手的影锋应该盯到怎样的程度。若是后卫被盯防的球员引开，就会使对方有机可乘。因此虽然3-5-2是以四名防守队员应对对方中锋加两名影锋，仍然很棘手。

！要点

如果感觉现有阵形无法有效应对，可以在比赛中随机应变，进行调整。赢得比赛比维持原有阵形更重要。

编者的观点②

培养出色的队员，需要一直守护他的成长

　　培养优秀队员要把握好"心""技""体"，也就是心理、技术、身体素质三方面的平衡，而不仅仅是指导对方踢足球。

　　因此，在培养队员时，教练不必逞强一个人揽下所有活，而应该同所有相关人士一起共同培养，这样培养起来更加从容。

　　如果教练善于传授技术，可以将重点放在技术的传授上。如果发现球员在心理方面有需要改正的地方，可以积极和球员的监护人以及学校的老师沟通，统一意见，这样更易于让球员认识到自己的问题。

　　不要忘了坚持就是胜利。如果认为球员有需要改进的地方，应该和所有相关的成年人一起合作，共同来关爱球员。

　　总体温柔，时而严厉。我认为用这样的态度守护球员的成长很重要。

CHAPTER 3 第3章
球队战术

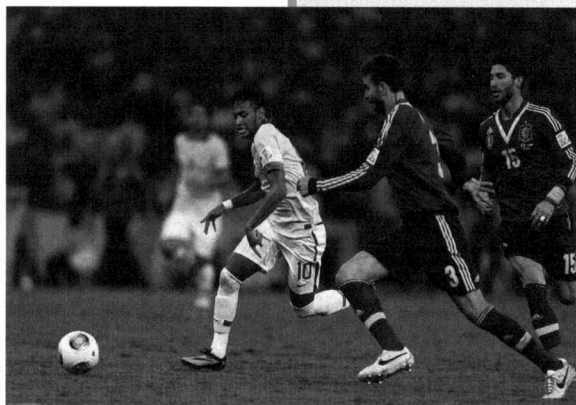

压迫式打法的思路和基本要领

全队协作对对手进行压迫的同时，限制其传球路线，最后一鼓作气抢断的打法就是压迫式打法。压迫式打法的关键在于全队协作应对球和控球的对手。

球员联动，全队合作进行抢断

如果能够在对方球门附近成功抢断，面对的防守队员较少，很容易制造得分机会。因此，应该全队合作，在靠前的位置就由前锋进行逼抢，其他球员配合封堵对方传球路线，依照赛前商定好的抢断战术，在商定好的区域将球抢断。这就是压迫式打法的基本思路。

球员要互相配合，战术行动要准确，否则难以对对手形成压力。最先开始行动的是前锋，前锋在前方追赶对方带球球员，使其只能往一个方向进攻。若是其将球传入边路，则前锋要封堵对方边路队员的传球路线，绝不能让其回传。要让对方只能单方向传球。

前锋动手后，周围队友务必配合

将对方带球队员逼入边路后，前锋、前腰、边前卫三人可配合从三个方向将其包围，封堵其传球路线。能够当即实施抢断再好不过，不过事情可能不会那么顺利。可以像本书第46～47页介绍的那样，封堵其纵向或横向的传球路线，之后在其试图将球传往另一个方向时，进行抢断。

要注意当前锋逼抢时，中场、后场球员不能待着看戏，要进行配合。为此，队员们应该听从后腰的指挥，因为后腰视野较好，能够更好把握场上态势。球员们应保持阵形紧凑，同时与队友保持合适的间距，以便施展压迫式打法。

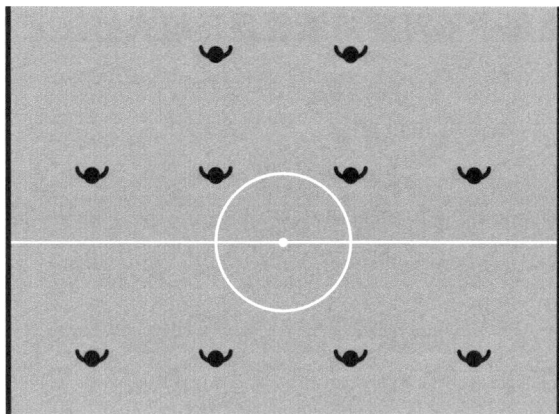

不适合施展压迫式打法的状态

如果球员间距太大，只会给对手以逃跑的空间。间距过大会导致球员任何时候都要面对一对一作战，无法形成人数优势，一旦被对手突破，队友的支援也会因距离而比较迟缓。最坏的情况是对手利用己方球员之间过大的空间连续传球，进行突破。

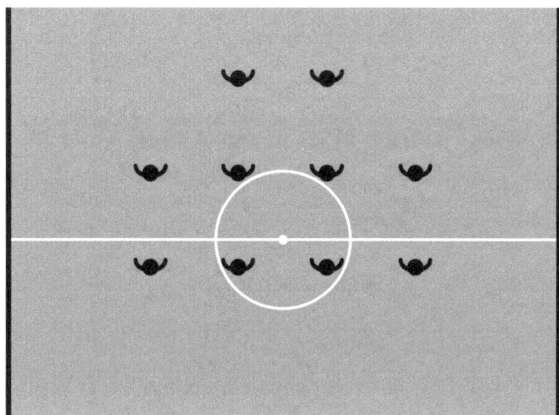

适合施展压迫式打法的状态

球员间距合适，同时整体阵形紧凑，适合施展压迫式打法。要在前场配合成功逼抢，必须保持这样紧凑的阵形。可由2~3人合作，对带球的对方球员施加压力，封堵其传球路线，进行抢断。

▌压迫式打法要坚持到底，不能半途而废▐

如果逼抢的目的不明确，然后又半途而废，反而会让己方陷入困境。此时，若对手将球传入己方另一侧边路或者后防线，情况会变得非常棘手。为了将对方带球队员逼入边路进行抢断，己方整体阵形会向一侧倾斜。因此，使用压迫式打法要坚持到底，绝不能让对手长传。

如何有效实施压迫式打法

实施压迫式打法需要保持阵形紧凑，因此很难整场比赛持续实施压迫式打法。该打法需要球员准确观察场上形势，因此应当由位于场地中央的后腰队员来做出指示。

比赛中不可能持续使用压迫式打法

从体能的角度来说，持续使用压迫式打法几乎是不可能的。在有些时间段、攻防态势下，不一定非要在高位努力抢断。比如说当己方领先两三个球时，应当优先防守，并尝试在防守时抢断打防守反击。

从节约体力的角度看，实施压迫式打法应当取得全队的共识。后腰拥有良好的视野，观察整体阵形是否紧密，是否应当实施压迫式打法的任务可以交给后腰，由后腰来下令。

由后腰判断是否适合实施压迫式打法

如果后腰判断周围条件具备，自己也能对前后进行支援，则不要犹豫，迅速下令采取压迫式打法。相反，若不具备实施压迫式打法的条件，而己方前锋在拼命逼抢，后腰要马上提醒前锋。后腰需要具备观察己方状态的能力，以判断己方当时是否能以紧凑阵形实施压迫式打法。

虽然向哪个方向追赶、在什么地方抢断等都是赛前制定好的战术，但也不要过于拘泥。赛场上形势瞬息万变，如果前锋发现当时情况下单凭自己就能抢断，应大胆进行逼抢。压迫式打法的目的是抢断，不必拘泥于由谁在什么地方来实施抢断。

不要三人一齐上前逼抢

在对手将球传入边路时，若三人同时上前逼抢，反而容易被突破。因为对方带球者时刻都在注意可能的突破机会，若三人同时上前逼抢，队员之间的空当很容易被对手利用。

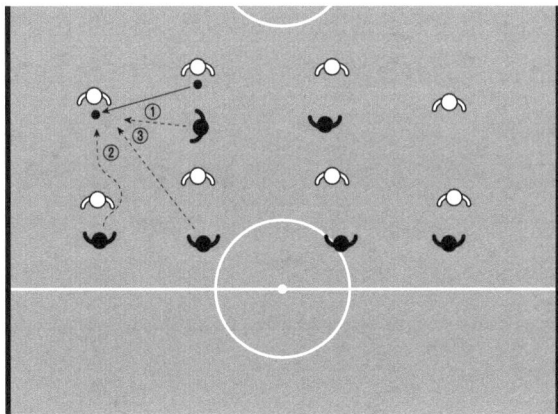

依次上前逼抢

对方将球传到边路后，首先由离得最近的①上前。看到队友①和对手的动作后，接下来②上前。最后③再上前封堵对手的逃跑路线。一般都要从三个方向进行围攻，有机会抢断时果断抢断。

检查要点

在失败中积累经验，从训练中学习

有时己方多名球员围攻对手也无法抢断。面对带球的对方球员，应该在什么时机从什么方向进行逼抢，这些都只能通过经验来学习。

因此，最好在平时的训练中尽可能多地积攒成功的经验和失败的教训。逼抢时要沟通，不要自己一个人说上就上。如果大家同时上前逼抢，反而容易被突破，从而陷入困境。

要想获得比赛的胜利，需要在训练中积累成功的经验。

压迫式打法的例子（一）

这节介绍的打法用于对方后卫带球时，己方前锋封堵其传球路线，从而在边路进行抢断。此时，必须准备好逼抢失败的应对措施。

以周围队友可能被突破为前提站位

逼抢时以对方边后卫为目标，将其包围起来进行抢断。或者逼迫边后卫向后腰、边前卫传球，在其传球时进行抢断。虽然赛前会计划好在哪个区域进行逼抢，但要注意比赛时的情况不一定会按计划来。

对手无疑会试图打破己方的逼抢。因此虽然计划在对方边后卫的位置逼抢，但在站位时也要充分考虑到逼抢失败的情况，未雨绸缪。要特别注意对手可能会向前方或者侧前方传球。不能让对手将球传给前锋。

实施压迫式打法时，全队整体都向前压。此时若让对手传球至己方中场和后场之间的位置，很难迅速应对。因此，实施压迫式打法时，周围的球员要准确站位，准备应对对方可能向前方、侧前方传出的球。

保持阵形紧密，全队配合行动

假设在边路逼抢失败，对手会将球回传给中后卫。这时不要慌张，只要重新使用一次压迫式打法即可。可以将对手压迫至和之前相同的一侧边路，也可以是另一侧边路。要注意己方阵形左右不要拉得太开，要保持紧密的阵形，记住全体队员要化作一个整体，配合行动。

压迫式打法的例子①

己方（黑色）从前场到后场都保持着紧密的阵形，同时整体比较压前。同时全体队员也对压迫式打法的思路有清楚的认识。只有在这样的状态下，才能够有效实施压迫式打法。己方目标是将对手逼入左侧边路，因此前锋要去封堵身边的对方带球中后卫向右传球的路线。当其将球传给左侧的后卫时，己方另一名前锋上前封堵该接球人向右传球的路线，迫使其将球传入左侧边路。

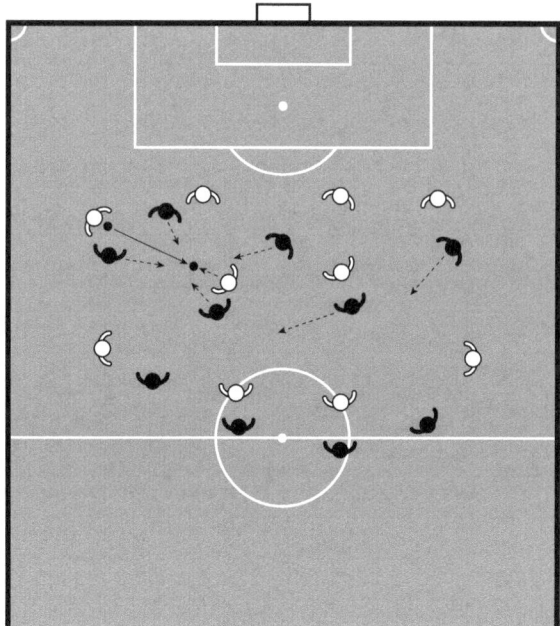

当对手将球传至左侧边路后，追赶过来的前锋要堵死其回传的路线。逼抢的一个基本原则就是让对手只能单方向传球。为了避免对方带球队员选择向前突破，己方边前卫要迅速上前防守。最好能在这时抢断，不过也可能有对方球员抓住己方球员之间的间隙将球传出。此时可限制其传球路线，在其将球传出时进行抢断。

❗要点

边前卫前压时，边后卫一定要配合上前，不然对方边前卫会无人盯防。

压迫式打法的例子②

这节介绍的打法是完全封死对方边后卫的传球路线，迫使其自己带球突破，此时包围他的三人进行抢断。这三人要有良好的配合意识。

▌限制对手带球行动的方向，将其引过来 ▌

对方球员在边路带球时，若是没有传球路线，会选择自己带球突破。在己方半场选择自行向前纵向突破风险很高，需要很强的自信。此时，己方前锋从侧面、边前卫从正面逼近，则对方能够选择的突破方向只剩下后方或侧前方。

如果对方选择向侧前方突破，己方更容易进行抢断。因为除了前锋和边前卫外，后腰也可以前往支援，这样就能从三个方向将对方包围。要注意三人不要同时上前抢断。应由最靠近对手的球员先行上前，其他两人也向带球的对方队员逼近进行支援。要在充分观察敌我双方动向、球的动向的基础上再行动，不要匆忙上前。

▌如果一人足够抢断，就一个人完成 ▌

球场上经常出现这种情况：本来自己不去干扰的话，队友马上就抢断成功了，结果因为自己非要去掺一脚，反而把球踢飞了。这很可惜。因此要意识到自己不是一个人在踢球，是和队友在配合着踢球。

如果判断自己独自去抢断很有可能成功时，就可以自己去抢断。这种判断能力要通过训练和比赛进行磨炼。

压迫式打法的例子②

己方从前排进行逼抢，逼迫白队将球传至左侧边路。对方边后卫控球，己方的一名前锋负责封堵其传球路线，阻止其将球回传给中后卫。同时己方左侧边前卫也逼近，封堵其横向的传球路线。此时对手只能选择自行带球或将球传出。若对手选择向前传球，则己方左边前卫、左后腰、左边后卫进一步压上，同时周围的其他球员也要配合行动。

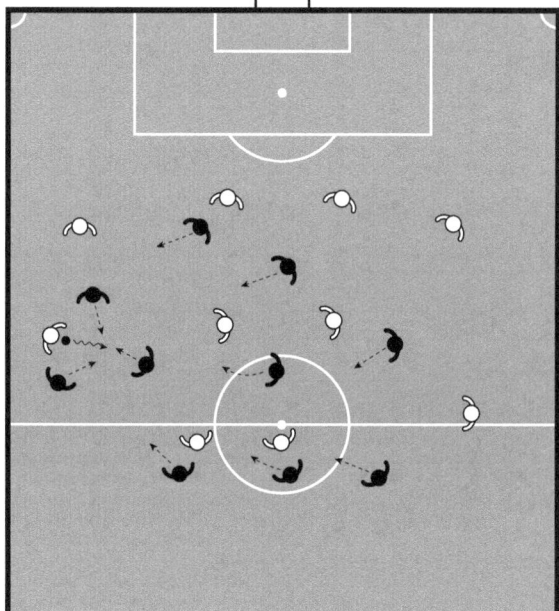

若对方左侧边路带球的球员选择将球带向中央，则己方的边后卫自下、边前卫自上、左后腰从侧面迅速包围过来。在其进入三人中间后进行抢断。要点是三个方向要封堵严实，之后则在合适的时机进行抢断，周围队友也要支援，场上球员互相配合，站位要准确。

！要点

球员不仅要将带球对手包围起来，还要培养自己的判断能力，以判断自己是应该封堵传球路线，辅助队友抢断，还是由自己进行抢断。

压迫式打法的训练方法（一）

这节介绍压迫式打法的基础训练方法，即通过三人之间的配合进行逼抢。虽然这个训练看上去很简单，但是只有完成这一训练才能迈出学习压迫式打法的第一步。

通过六对三练习，学习基本知识

一开始，先在较小的场地上进行六对三练习，逼抢时的基本步骤分三步，首先三人合作逼近迫使对手只能向一个方向传球，接下来封堵其传球路线，最后在其试图传球时进行抢断。三名队员从三个方向逼近，让对方带球队员无路可逃。最开始练习时，为了帮助队员尽快学会逼抢，可以对进攻一方做出触球两次后必须传出，不能越顶传球等限制。

在防守方逐渐适应这种练习后，可以慢慢放宽对进攻方的限制。给进攻方阵形中央增加一人，传球路线会随之增加，这样一来，防守方要关注的点变多，不得不多动脑子想办法。不管什么练习，都是给队员的身体和头脑压力越大，练习效果越好。

增加各种附加条件，帮助球员集中注意力

六对三也好，七对四也好，练习时可以尝试添加多种多样的附加条件。比如说，防守方逼抢失败，被对方将球传走，则扣一分，扣到一定分数防守队员要接受某种惩罚。进攻方如果传球次数不到20次就被抢断，也要接受惩罚等。通过游戏和惩罚，可以帮助球员们在单调的训练中集中注意力。

我们尝试一下逼抢就会发现，如果进攻方的水平够高，防守方根本没有机会抢断。因此防守方在逼抢时一定要充分交流，互相配合。

压迫式打法的训练方法① A（六对三）

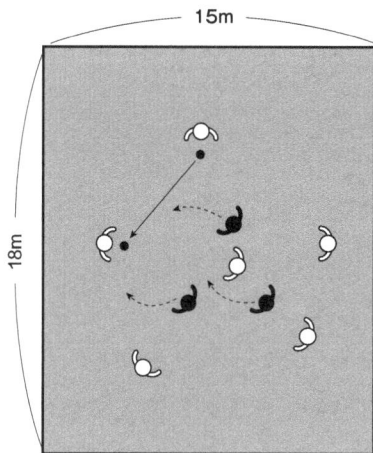

15m

18m

进攻方在外侧有五人，内侧一人，与防守方三人进行六对三练习。刚开始练习时，可以对进攻方做出触球两次后必须传出，不能越顶传球等限制。防守方追赶带球的进攻方球员，使其只能单向传球。防守方要默契配合，在限制了进攻方的传球路线后，在其将球传出时进行抢断。

！要点

随着练习的深入，逐步解除对进攻方的限制。如果进攻方能连续传球 20 次，则判定进攻方胜利。防守方需要一边思考合适的抢断位置，一边进行应对。

压迫式打法的训练方法① B（七对四）

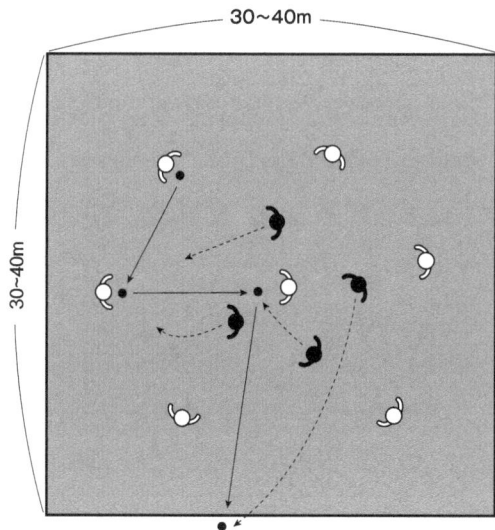

30~40m

30~40m

进攻方在外侧有六人，内侧一人。依然以连续传球 20 次作为进攻方的胜利条件，防守方四人要配合默契，寻找抢断的机会。防守方抢断后，要有一人迅速跑到练习场地边线外，球传到那里后，判定防守方胜利。

！要点

每局设定为三分制胜，节奏较快。通过设置惩罚游戏，可以帮助球员们集中注意力，进入状态。

压迫式打法的训练方法②

队员掌握压迫式打法的基本要领后，可以增加人数，进行更接近于实战的九对九练习。这个练习的关键在于根据进攻方的传球能力，设定不同的附加条件。

进行逼抢时，最忌讳半途而废。因为全队以紧密阵形进行逼抢，意味着另一侧边路以及后防线后方存在空当。如果对手以一记长传将球传入空当处，很可能直接攻下球门。因此一定要避免逼抢失败、对手传出长传。

九对九的练习可以帮助队员学习限制对手的进攻方向，并在计划好的抢断区域进行抢断的方法。这种练习更加接近于实战，练习的场地也是球场的一侧边路。如果防守方能够按计划在四个角落中的一个逼抢成功，接下来在该区域和队友进行两次传球，然后离开练习区域，则判定其得分。

如果用语言难以解释，教练可以进行演示

这种练习更接近于实战，因此会出现各种各样的问题。如果进攻方的传球能力较差，则不做过多限制；如果进攻方传球能力优秀，可以对他们做出触球两次后必须传出等限制。说到底这是为防守方准备的练习。

如果仅凭语言无法有效地将练习的目标、意图等传达给球员，教练可以在口头讲解的同时亲自进行演示。对球员们来说，最好的参考就是通过双眼看到的示范。教练可以以一个假动作作为接下来的逼抢的开场，这样可以加深球员们的理解，让训练更加有效果。

压迫式打法的训练方法②

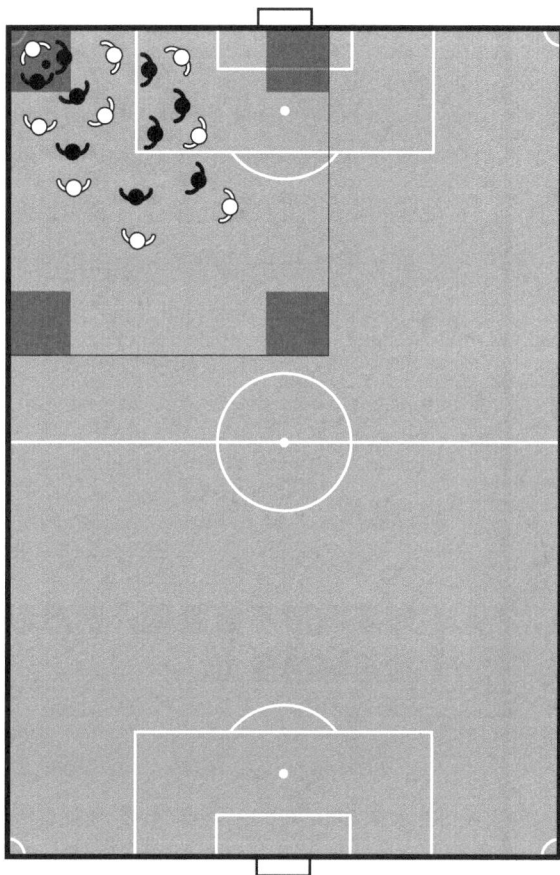

在球场一角的狭小区域进行九对九练习。在练习区域的四角设定四个区域，防守方将进攻方逼入该区域进行抢断。在该区域进行抢断后，防守球员与队友进行两次快速的传球，并将球带离练习区域，即可判定防守方得分。要想完成上述一系列动作，需要防守方的数名球员合作将对手逼至一个角落。要注意练习中不要转换边路，也不要越顶传球。

！要点

如何将进攻方逼向一个方向？球员要掌握将对手的进攻逼向一个方向的方法。

121

压迫式打法的训练方法③

球员逐渐掌握压迫式打法的技巧后，接下来我们使用半个球场，进行更接近实战的练习。刚开始练习可能不太顺利，不过从失败中学习也很重要。

通过模拟实战的练习，从失败中积累经验

我们练习的基本原则是从简单的练习开始，不断提高难度。拿压迫式打法来说，先在小规模的场地中以较少的人数进行练习，随着练习的深入不断扩展场地，并增加人数。最终扩展至半个球场，十对八（＋门将）或十对十（＋门将）的规模。

这个练习的重点在于对实战的模拟，在练习中进攻方从后场发起进攻，而防守方以高位逼抢为目标，在广阔的场地中，使用之前学到的方法，尝试进行逼抢。

如果阵形不够紧密，则难以给对手施加足够的压力

如果配合不够默契，逼抢不易成功，球员可能经历很多次失败。不过不要悲观，每次失败后，都要对失败的过程和原因进行回顾、分析，不断对战术进行微调，准备下一次的练习。球队战术就是这样，全体队员一起通过训练来完善战术。

很多时候逼抢失败是因为阵形不够紧密。若队员之间间距太大，在前锋行动时，周围队友很难进行配合。即使成功将对手逼入边路，也会因间距太大、反应迟缓而逼抢失败。不过，这样的失败可以帮助队员们学习如何有效地进行逼抢。

压迫式打法的训练方法③

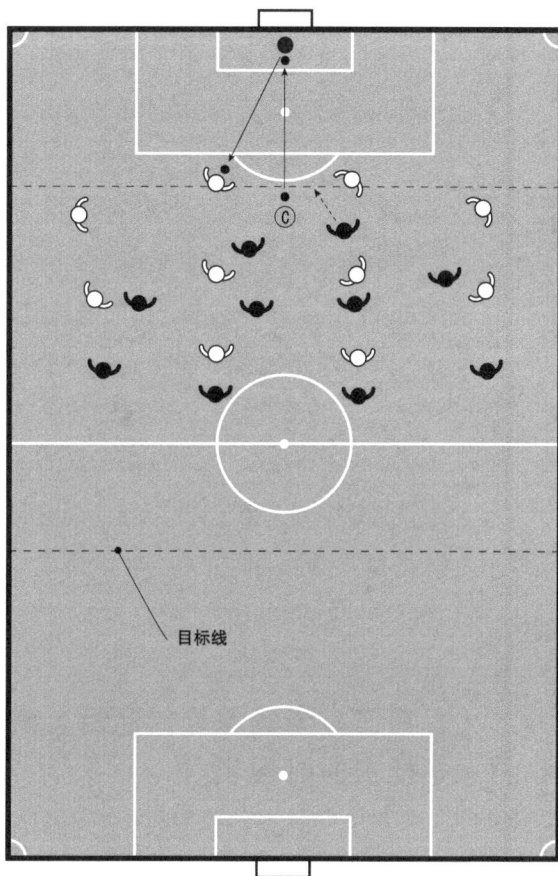

目标线

在一个相当于半场的区域内进行十对十（＋门将）练习。教练将球发给门将，门将将球传给中后卫后，防守方即刻上前进行高位逼抢。因为这是模拟实战的练习，所以进攻方、防守方在行动时要全队协作。特别是防守方要有意识地保持紧密阵形进行逼抢。实践之前学习的"逼入边路、包围、抢断"三步逼抢方法。如果进攻方能够突破下面那条目标线，则判定进攻方得分。

！要点

因为是练习高位逼抢，所以刚开始练习时，可以去掉进攻方的两名前锋。练习深入后可以尝试将他们加进来。

123

防守反击的思路和基本要领

球员在己方半场抢断后，迅速展开反击。这样可以趁对手没有做好防守准备，打他们一个措手不及。这就是防守反击的基本思路。接下来几节将介绍长距离反击的基本要领。

将对手引诱过来后，再展开反击

防守反击，是利用对手被吸引过来后身后的空当进攻的战术。足球中的防守反击大致可以分为两种：长距离反击和短距离反击。长距离反击是指抢断后需要 5 个左右的传球衔接，才能攻门的反击。而短距离反击是指抢断后通过 2 ~ 4 个传球的衔接便可攻门的反击。这节介绍的是长距离反击。

防守反击的要点在于先将对手吸引过来，然后在己方半场进行抢断，再迅速转换攻防状态前压，攻击对手的后方。防守反击不在高位抢断，是故意放任对手将球带到己方半场，再进行逼抢。因此球队需要有强力的防守阵容，以便将对手放进己方半场后击溃对手的进攻。

在己方半场深处抢断后，就到了展开反击的时候了

对手发起进攻，将球传到己方中场的深处后，可由后腰进行抢断。抢断成功后，反击的时刻就到来了。若对方牢牢控球，将球传中到己方球门前的区域，可由中后卫进行抢断，将球传给后腰，接下来进行反击。这时，因为对手全队压上，其后方和两侧边路很可能出现空当。这就是己方进行反击的机会。

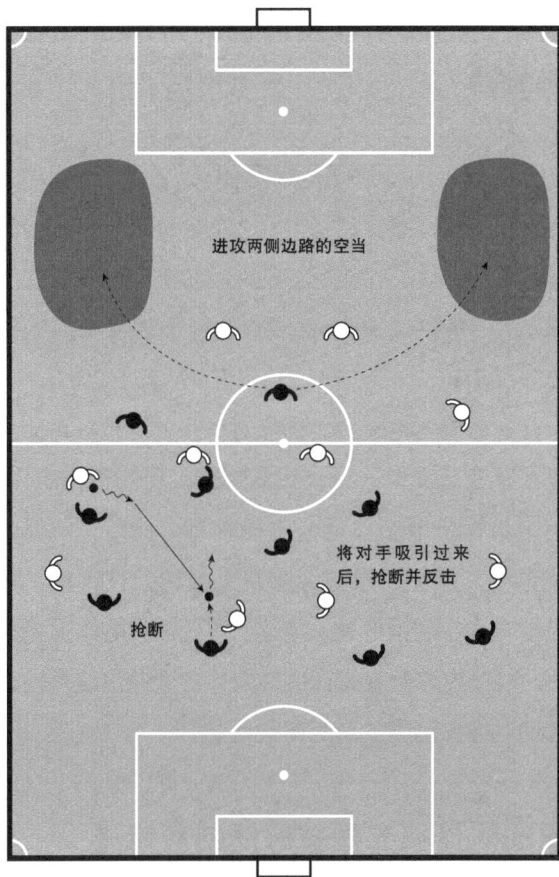

进攻两侧边路的空当

将对手吸引过来后，抢断并反击

抢断

对手处在这样的状态时可进行反击

首先将对手吸引过来。当对手的边后卫也越过中线后，反击打起来会更容易，因为此时对手边路会出现空当。抢断后，要尽快将球传给前场球员，长距离反击一般在五个左右的传球衔接后，进行攻门。

！要点

成功抢断后，要趁对手做好防守准备前发起反击。若判断无法快速反击，也可以放慢节奏，徐徐图之。

对手在丢球后会迅速转入防守状态

　　当今不论哪支球队，攻防节奏的转换都很迅速。被抢断后球员会迅速将意识转换为防守，并尝试在高位将球夺回。己方将对手吸引得越靠近己方后场，抢断后离球门的位置越近。如果己方在反击前就把球给丢了，会再次陷入困境。

　　如果球员抢断后能够直接一记长传，将球传给前方球员固然很好，但现实中往往很难成功。为了应对抢断后对手的反抢，球员往往先用一个横传来缓冲一下，接下来再将球传给前方球员。

如何有效实施防守反击

球员能迅速完成反击自然是好，但对手肯定会有所戒备，所以反击往往不那么容易。抢断后的战术决定了防守反击是否能成功。

抢断后的战术以及前锋的行动是成功的关键

防守反击的要点是抢断后迅速转换攻防状态，用连续的传球过渡到射门。但是对手会对己方可能的反击高度戒备，所以己方不一定能按照理想的节奏将球传向前方。所以我们介绍一下如何有效地实施防守反击。

首先在成功抢断后，要应对对手的逼抢。对此，可以在抢断后先以一记较短的横传吸引对手注意力，接下来自行带球突破就会变得容易。此外，前锋的站位也很关键。如果前锋只是呆板地站在中间，很容易被对方中后卫盯死，导致己方无法传球给前锋。因此，前锋应该配合带球的队友，尝试向边路跑动，或者到对方中后卫的背后等位置接球。

周围队员要支援被盯防的前锋

因为前方的传球目标只有前锋，所以传给前锋的球势必受到对手的密切关注。要突破这一严密盯防，必须有周围队友的帮助。当然，若前锋能单枪匹马突破自然是好，但是这不太容易实现。

当己方队员将球传向前方时，若己方有两名前锋，则接球者之外的另一名前锋应迅速上前策应，若只有一名前锋，则第二排的球员要迅速上前策应，完成快速防反的最后一个程序——射门。

防守反击时的防守应对
方法①

防守反击是在抢断后展开的，所以遭到抢断后要迅速切换攻防状态。可能的话，在进攻时就对防守球员的阵形做出调整。具体情况要视对手的前锋人数而定，不过一般来说，当右侧边后卫参加进攻时，左右两名中后卫、左侧边后卫都应略微向右侧微调站位。同时，一名后腰后退下来，保证参与防守的人手充足。

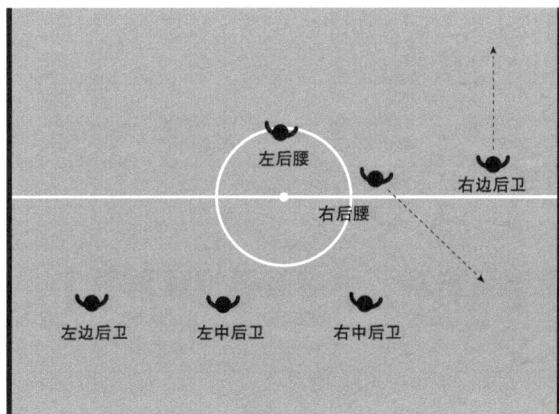

左边后卫　左中后卫　右中后卫　右边后卫　后腰　后腰

防守反击时的防守应对
方法②

当右侧边后卫参与进攻，其身后出现空当时有另一种应对方法。具体情况也要视对手前排球员人数而定，不过一般的思路是最后一排人保持原有位置不动，右侧后腰后退下来，填补后防线的空当。这样一来中央就会出现空当，此时左侧后腰的微调变得很关键。

左边后卫　左中后卫　右中后卫　左后腰　右后腰　右边后卫

检查
要点

做好应对反击的准备

　　边后卫参与到进攻中来，可以让进攻阵容更加雄厚。不过这样一来，边后卫除了防守能力外，还需要具备高超的进攻能力。

　　当边后卫参与进攻时，其后方必然出现空当。一旦进攻时遭到抢断，对手就会利用这一空当进行反击。

　　这时不能只留两名中后卫在后场防守。除了两名中后卫外，后腰、另一侧边后卫也应找准合适的站位，做好应对对手反击的准备。

防守反击的例子（一）

这节介绍的例子是在对方边后卫越过中线进攻时进行防守反击。反击时要注意站在对手的立场来思考问题。

▌进攻对方右侧边后卫后方的例子 ▌

当对手从右侧边路发起进攻，己方可利用该侧边路的空当发起进攻。首先要将对方边后卫吸引到己方半场，在其身后制造空当，接下来在中场的深处进行抢断，接着前锋跑向对方边后卫身后的空当，在那里接球。

此时，若对方只剩下两名后卫进行防守，反击就容易得手。从防守方的角度来看，当两名边后卫同时处于前方时，防守会变得比较脆弱。因此，当右侧边后卫参与进攻时，左侧边后卫应该留下来维持防守。同时，后腰也要填补后防线上的空当，不然很容易让对方的反击得手。

▌受到反击后，中后卫要拖延对手 ▌

还是从防守方（受到反击的一方）的角度来说，受到反击后，中后卫不要惊慌。此时，对方前锋会跑动到边路伺机进攻，中后卫不要匆忙上前应对，先拖延其行动，为队友的回援争取时间。等到队友回援，人手充足后，再进行逼抢。

本节介绍的这类防守反击案例中，经常出现前锋和边后卫的对决。在球传出的一瞬间，包括造越位在内的争夺中，出手慢的一方就会遭遇失败。虽然发动反击一方的前锋和对方的中后卫很多时候可能离球很远，但是他们必须时刻保持精神集中。

防守反击的例子①

抢断

这是个拦截对方边后卫传给前锋的球后进行反击的例子。抢断成功的中后卫为了应对对手的逼抢，将球传给右侧后腰。右侧后腰得球后直接传给跑动到前方左侧空当的前锋。在中后卫将球传给后腰时，前锋就要开始跑位。前锋得到传球后，视情况决定是自己攻门还是与前腰进行配合。

！要点

在攻防转换后，防守方要有"被抢断后三秒内将球夺回"的决心。双方的应对都要迅速。

防守反击的例子②

以较少的人数在较短时间内进行反击，是反击的理想形式。这节介绍的不是通过少量的纵向传球在同一侧边路展开的反击，而是通过横传，在另一侧边路进行的反击。

从另一侧边路迅速发起反击

对手从一侧边路进攻后，在另一侧边路迅速展开反击需要球队具备快速转换边路的能力。中后卫抢断后，能够直接长传到前排最好，但是因为对手会逼抢，己方很难在抢断后迅速长传。此时可以先传给侧面的队友，扰乱对手的视线。

这个传球也可为队友争取时间，前锋、前腰、另一侧边路的球员要趁机迅速跑位。特别是前锋和前腰的配合十分关键。前锋应在对手的中后卫面前，等待己方边前卫的传球。前腰也上前填补前场的空缺，前锋接球后要尽快将球传出。

以较少的人数、较少的传球在短时间内实现反击

在前场带球的前腰若能自行带球突破，也可以自带，若自己被对方中后卫盯上了，可以传给己方上前进攻的边前卫。接下来，前锋、前腰继续向对手球门方向跑动，配合队友完成进攻。

最好能以较少的人数、较少的传球在短时间内实现反击。花的时间越久，对手的防守越完备，攻门成功的可能性也随之降低。如果在反击的传球过程中，判断反击已经无法成功，可以放慢节奏，将球保护好等待之后的机会。

防守反击的例子②

对手的边后卫越过中线参与进攻。防守一方准备充分，各球员站位间距合适。此时若对方边后卫选择带球突破，则边前卫不得不单独应对。不过此时对手一般不会选择自行带球，因为即使突破边前卫，也无法继续前进，反而容易被抢断，陷入困境。所以对方边后卫有两个可行的选择，回传或是传给前锋。若对方选择传给前锋，则己方中后卫上前抢断。

抢断

成功拦截对方边后卫传给对方前锋的传球后，从另一侧边路展开反击。成功抢断的中后卫接下来可能会遭到对手的逼抢，可通过一记短传将球传给靠过来的左侧边前卫。左侧边前卫直接将球传给后退下来的前锋，前锋迅速将球传给靠上来的前腰。而前腰将球传给向右侧边路跑动的右侧边前卫。当然若有合适的机会，前腰也可以尝试自行突破、攻门。

！要点

通过迅速而有节奏的传球，将反击的矛头指向另一侧边路。全体队友配合行动。

防守反击的训练方法（一）

要实现成功的防守反击，先用这节介绍的训练方法，让队员掌握防守反击的基本战术。抢断后迅速将球传给教练，同时三名队友配合传球进行跑位。

迅速转换攻防，以较少的人数攻门

要在短时间内靠较少的人数完成反击，传球必须快速而准确，同时攻防转换的速度必须快。如果动作太慢、进攻停滞，球很可能会被对手夺回。现代足球对动作和判断的速度都有较高的要求。所以，我们首先训练队员快速攻防转换、准确传球的能力。

中后卫成功抢断后，迅速而准确地将球传出

将半场的 2/3 作为训练场地，在训练场地的中央设置一条中线，将场地分为两个半场。教练站在其中一个半场的中央，另一个半场进行五对五练习。防守方成功抢断后，迅速展开反击。中后卫迅速而准确地将球传给教练。同时三名队友越过中线进攻，从教练那里接过传球，攻门。

开始时，进攻方被抢断后也要迅速调整状态，努力将球夺回。不过当对手将球传给教练后，就不必越过中线进行追赶了。

开始时，防守方抢断后若无法一记长传直接传给教练，也可以用几个短传进行衔接。可以设定各种条件，比如传球满三次后必须射门，抢断后五秒内射门等。

防守反击的训练方法①

中线

抢断

这一练习以训练队员迅速进行攻防转换为目的，设置门将，进行五对五练习。进攻方球员为前锋和中场，防守方球员为后卫和中场。进攻方通过连续传球，向对手的球门进攻，防守方在防守的同时，伺机抢断并发动反击。如图所示，防守方在抢断后，迅速将球传给位于前方的教练。同时三名中场球员越过中线，从教练那里接过球发起进攻。

！要点

传给教练的球一定要精准。防守方的中场要迅速转换攻防状态，越过中线发起反击。

133

防守反击的训练方法②

接下来介绍一种更接近实战的训练方法。反击时的基本原则是选择最短的路线，因此我们将这一练习的训练场地宽度缩短。

迅速完成攻防转换，参与进攻

接下来我们在更接近于实战的设定下，反复练习以较少人数在短时间内完成反击的流程。我们将整个练习场地以中线分开，开始时一侧为六对七（+教练），一侧为三对三。虽然这一练习看起来不鼓励使用边路，有意识地让球员选择最短距离反击，不过实际练习时从边路反击亦可。因为练习场地已经刻意缩短了宽度，可以让球员意识到要从最短的距离发起反击。

进攻方从教练那里得到传球后，发起进攻。在进攻方进入防守方预定的抢断区域后，防守方全力进行逼抢。抢断成功后，原有进攻方、防守方都要迅速转换状态。

在抢断成功后 7~8 秒内完成反击

防守方抢断成功后，将球传给在另一侧半场等待的队友。接下来，以任意人数越过中线参与反击。而原本的进攻方只能以原有的三人进行应对。原防守方在这样的人数优势下，应尽可能在 7~8 秒内完成终结。

原进攻方在被抢断后应迅速转换攻防状态，努力将球夺回。如果原进攻方大脚解围打断对手的反击，或者成功将球夺回并传给教练，一轮练习结束。接下来双方回归原位，再由教练开球，开始下一轮练习。

防守反击的训练方法②

包围后进行抢断

在场地的两边画线，将训练场地的宽度缩短。教练站在场地中央偏向一侧的地方，教练所在的半场为对防守方有利的七对六，另一侧半场为三对三。开始后，教练将球传给进攻方，而防守方要努力抢断。如图所示，左侧边路两名球员围抢成功后，迅速将球传给前方的队友。此时，原本的防守方可以由任意名球员越过中线参与进攻。而原本的进攻方要努力将球夺回，成功夺回后大脚解围或是将球传给教练。

！要点

防守方成功抢断后，视情况决定由多少名球员参与进攻。这一判断要在瞬间完成，之后迅速越过中线进攻。

135

防守反击的训练方法③

这节介绍使用全场训练的方式，作为收尾。这一训练方式的关键在于预先设定的条件。在设定防守方的人数、多少秒内完成射门等条件时，需要下一番功夫。

使用全场以实战的形式进行练习

终于来到全场实战练习的阶段了。不过练习终归是练习，不是实战，因此可以设定一些条件来辅助练习。首先当防守方成功抢断并展开反击时，被抢断一方半场回防的人数不能超过三个人。

此外，在第一阶段的练习中，一侧半场为两名前锋对阵两名后卫。展开反击的一方将球传给其前锋时，这两名后卫不能去拦截此传球。因为这一练习的目的是让反击的一方掌握前锋在前场护球，后方球员上前配合这一战术。在前锋触球后，另一方后卫可开始抢断。

前锋和后卫的对抗是反击能否成功的关键

这个练习对越位的处理要严格。反击时，前锋和对方后卫周旋的焦点就是围绕越位的一系列攻防，所以，最好能在训练中进行练习。得到传球的前锋若有机会，可以不等队友的支援，独自发起进攻。

反击时应该选择最短的进攻路线。反击一方有人数优势，但可能因为把时间花在传球上，导致对手的三名球员有时间回援。因此，为了让球员们具备快攻意识，练习时可以规定必须在7~8秒内完成射门。

防守反击的训练方法③

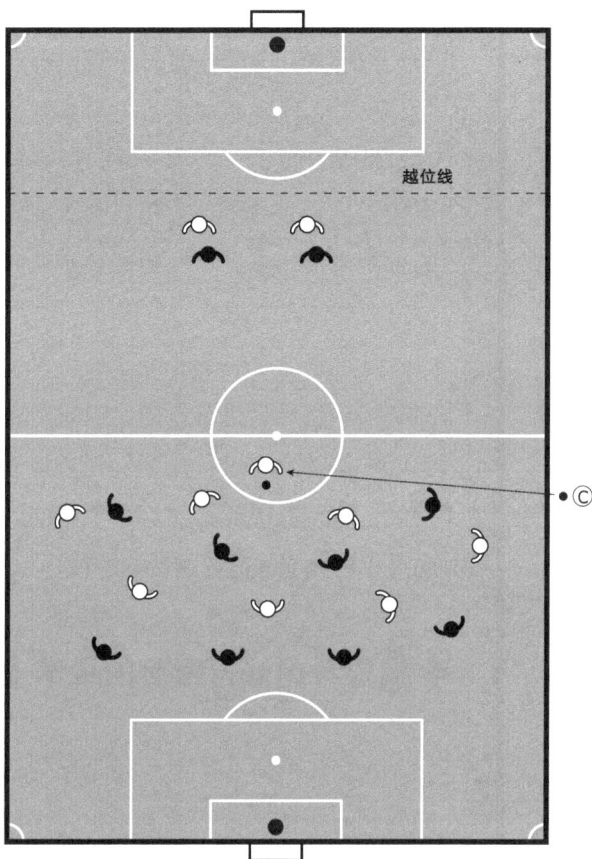

越位线

使用全场进行练习时，一边半场为八对八（含教练），另一边半场为2对2。首先，教练将球发给进攻方，防守方努力去抢断。防守方抢断成功后攻防转换，迅速将球传给前锋，传球成功后，原防守方可以有任意名球员越过中线参与反击，而原进攻方最多只能有三名球员回防。回防的三名球员要同两名后卫一起，努力将球夺回。

！要点

二对二半场这边的后卫不能拦截传给前锋的球。前锋接到传球后要保持控球，等待队友前来支援。

137

短距离反击的思路和基本要领

与将对手吸引至己方半场抢断后进行反击的长距离反击不同，短距离反击是在对方半场内进行抢断并反击。因此前场的防御能力以及抢断后的攻防转换十分重要。

长距离反击是先将对手吸引至己方半场，再抢断、反击。而短距离反击是全体队员压前，在前场进行抢断并反击。这样一来，抢断后距对方球门距离较近，更容易得到射门机会。因此，与流程更长的长距离反击不同，短距离反击从开始到射门，往往只需要 2~4 个传球的衔接。

虽然逼抢时的一般做法是将对手逼入边路，限制其传球路径后进行抢断，但短距离反击时必须在靠近中路的地方进行抢断。先封堵带球对手的传球路线，迫使其传球，然后进行抢断。接下来，迅速向对手已经变得薄弱的后方进攻。

▎提前考虑好抢断后的战术 ▎

如果在抢断后才考虑接下来的战术，则很有可能受到对手的围攻，被其反抢。因此，施展短距离反攻战术时，球员逼抢时就要考虑成功抢断后的情况，并在此基础上选择站位，特别是前锋。因为前锋无论在逼抢时还是在接下来的反击时，都承担着重要的任务。

▎两名前锋中的一人去逼抢，另一人为反击做准备 ▎

成功抢断后，若前场没有合适的传球对象，反击将不得不停滞下来。因此，越快完成"抢断→传球"

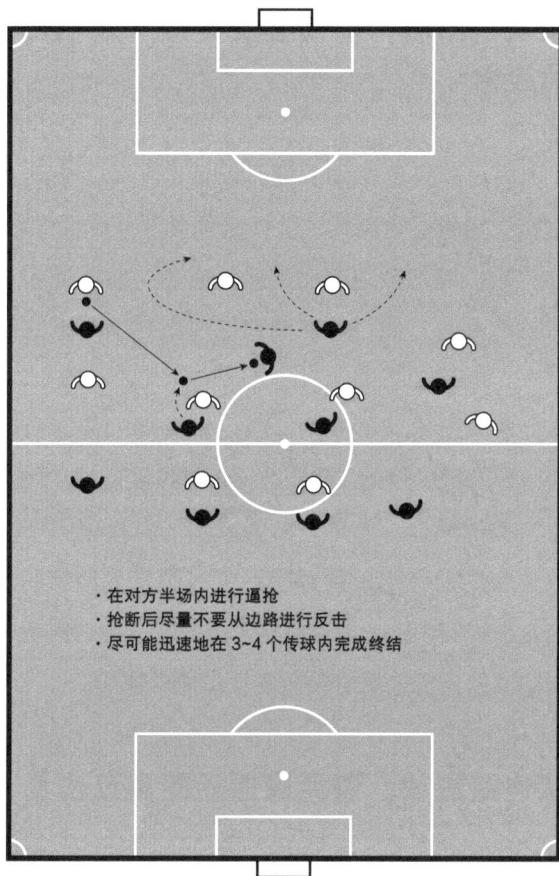

短距离反击的基本形态

全队压前，在靠前的位置实施抢断。成功抢断后，迅速以较少的人数传球衔接，发起反击。流程相对简单，抢断后只要 2~4 个传球的衔接即可射门。如果从边路进攻的话，会给对手更多的反应时间，因此尽可能向中央的空当突破。

· 在对方半场内进行逼抢
· 抢断后尽量不要从边路进行反击
· 尽可能迅速地在 3~4 个传球内完成终结

! 要点

在进行抢断时，不要出于被动防守的目的去抢断，要有积极的进攻意识。这是一种进攻性的防守战术。

流程越好。在有两名前锋的情况下，可以由一名前锋到边路进行逼抢，另一人为接下来的反击做好准备，在与对方中后卫的周旋中选择一个合适的站位。若只有一名前锋，则前腰应该前压。如果在前场没有传球的目标，短距离反击很难取得成效。

　　需要指出的是，不一定要通过传球进行衔接。比如，若抢断的地点在对手阵内，前方也只有对方中后卫一人，则可以由抢断者迅速自行带球攻门。一切战术的目标都是为了得分。

如何有效实施短距离反击

要成功实施短距离反击，除了要在前场成功逼抢，己方前锋的站位也很关键。此外，抢断后球员对局势的判断能力以及周围队友的及时支援也都很重要。

队友抢断后，前锋要决定接下来使用的战术

实施短距离反击的关键是前锋的站位。当队友成功在中场附近抢断时，前锋必须处于一个能够接球的位置，否则短距离反击无法成功。前锋受到对方后卫的盯防，他必须在接到球时就对接下来的行动有一个明确的思路。

负责抢断的球员成功抢断后可选择的传球角度往往十分有限。因此，前锋必须观察该队友的动作，调整自己的站位。如果抢断的球员能直接以一个传球成功帮助前锋突破到对手后方当然是最理想的，但这是很难实现的。传球线路、前锋对情况的判断、周围队友的支援决定着短距离反击能否成功。

从边路进攻，避免遭遇短距离反击

站在对手的角度看，采取怎样的进攻方式才能避免遭受短距离反击呢？一旦进攻方在己方半场或者中线附近的中路丢球，就会陷入危险，因此进攻方应选择从边路进攻，有时甚至可以直接通过传球跳过中场区域。

下页的图示和检查要点中也提到，希望进行短距离反击的球队往往会在中央区域制造一个陷阱放对手过来进攻。因此，进攻时最好避开这一区域。

此处为危险区域，
一旦在这里被抢断，很容易遭受短距离反击

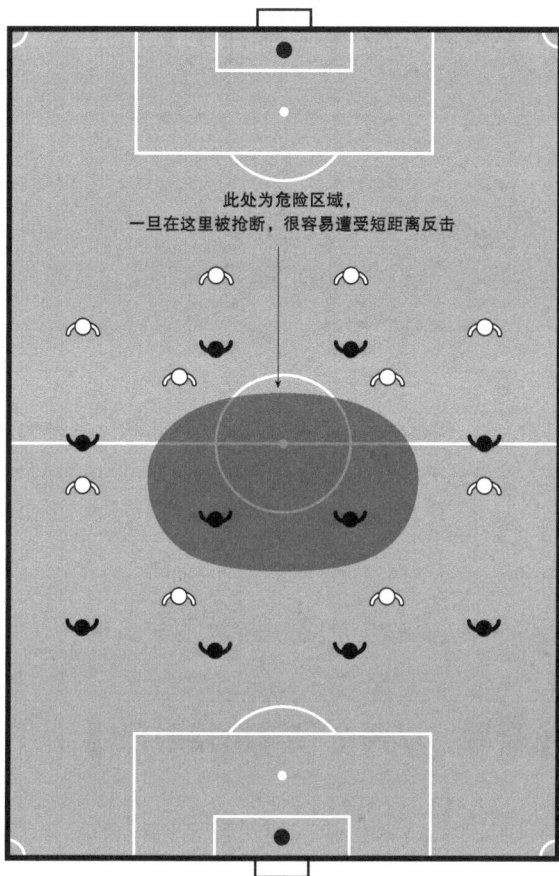

避免遭遇短距离反击的进攻方法

进攻时，若在场地正中央被抢断，很容易遭遇短距离反击。特别是在己方半场、中线附近的中路被抢断，十分危险。为了防范这种情况，进攻时应尽可能从边路行动，尽可能从边路传球。后腰、中后卫要时刻注意对方前锋的动向。

! 要点

边后卫将球传给中场深处的后腰时最为危险。后腰要注意，有机会时及时将球传出。

检查要点

从边路进攻，不要跳进对手的陷阱

　　要避免遭受短距离反击，只要在进攻时避免在危险区域（特别是己方半场、中线附近的中路）被抢断即可。要做到这一点，只要设计良好的战术从边路进攻即可。对手肯定会封堵己方从边路向前进攻的路线，引诱己方回到中路。这时不要被对手牵着鼻子走。

　　如果决定不经由中路，而从边路继续向前，可以在找到机会后向前长传或转换边路进攻。没必要跳进对手的陷阱。

短距离反击的例子㈠

为了便于大家理解，这节以日本队为例，为大家介绍一种短距离反击的套路。这一战术成功的关键是中锋柿谷和前腰本田的默契配合。

▎前场逼抢，远藤拦截传球 ▎

接下来以日本队为例，介绍一种短距离反击的方法，便于大家理解。在前场，柿谷耀一郎追赶对方中后卫，迫使其将球传给边路球员。对方边后卫得到传球后，日本队边前卫香川真司挡在其面前，阻止其向前突破、传球。同时，柿谷封堵该边后卫的回传路径。

此时，前锋、中场球员和后卫之间的距离不能太远。全体队员应当全线压上，同时保持紧凑的阵形，以给对手施加足够的压力。最终，当对方边后卫无路可走，迫不得已将球传向场中央时，日本队的后腰远藤保仁迅速做出反应，进行拦截。

▎抢断后，以两个传球衔接射门 ▎

远藤个人技术出色，他可以不进行停球，直接将球踢给前场队友。如果对手的后防有机可乘，那么远藤可以迅速将球传给柿谷，柿谷迅速攻门。如果此时对方后防无机可乘，那么可以先将球传给前腰的本田圭佑，或是后腰长谷部诚。接下来，前锋柿谷在同对手中后卫对抗的同时，注意与己方传球者的配合，在合适的时机向球门方向冲锋。

使用这种方法在抢断后需要两个传球过渡到射门，是一种比较理想的进攻方式。球员在中路夺球后，最好不要传到边路去，应直接从中路进攻。

短距离反击的例子①

前锋在前场追赶对方中后卫，迫使其将球传向边路。对方边后卫控球后，己方边前卫选择正确站位，封堵其纵向传球路径。同时，前锋也要封堵其回传的路径。此时，对方边后卫的传球路线只剩下斜向向前一条，当其迫不得已从这里将球传出时，己方后腰抢先于对手，将此传球抢断。

抢断后若能迅速将球传至对手后防线发起进攻最好，但对方被抢断后会迅速反过来逼抢，所以己方抢断的球员很可能没有向前传球的机会。因此，己方抢断球员可以先将球传给其他队友（图中为右侧后腰），通过他们进行衔接。因为对手也明白己方会将球传给前锋，所以前锋会受到对方中后卫的严密盯防。此时，前锋需要做些什么来摆脱盯防。比如像图中这样，先向边路方向跑去，将对手中后卫引出来，之后迅速跑到对方中后卫离开后出现的空当处，接过传球。

！要点

因为对手会有意识地控制阵线的位置，所以要小心出现越位。前锋的动作和传球的时机要完美衔接。

143

短距离反击的例子②

这节介绍的例子，是在略靠近左侧边路的地方抢断，接着将球传至右侧边路附近完成射门。此时，冲上前来的己方边前卫要抓住对方边后卫和中后卫之间的空当。

从另一侧边路前突并要球

再次用日本队的例子来解释一下。从后腰远藤进行抢断，到他将球传给前腰本田这一段，与上一节介绍的例子相同。不同的是前锋柿谷受到极为严密的盯防，很难将球传给他。同时对手迅速转入防守状态，对方中后卫也立即上前对本田进行逼抢。此时，应该怎么做？

解决问题的关键在另一侧边路。在对手从左侧边路将球传向中场的过程中，己方实施抢断，然后右侧中场球员迅速上前进攻，帮助制造传球路线。以日本队为例，就是冈崎慎司或清武弘嗣全速向球门前区域奔跑，从本田那里接过传球。

从边后卫和中后卫之间斜向穿过，接近球门

虽说要视具体情况而定，不过一般来说，边前卫从对方边后卫和中后卫之间斜向突破效果十分好。与突破到边后卫身后相比，这一路线距离球门更近，同时一反常态地从对方边后卫的面前突破，会让其难以应对。

不过，即使球顺利传到突破的边前卫脚下，使其得到单刀机会，也不意味着进攻就结束了。若对方门将扑救及时，球还是有可能丢掉。因此，柿谷、香川等队员不能停下脚步，要到球门前区域策应接下来的进攻。不管什么战术，都要进行到射门这一步，才能算是结束。

短距离反击的例子②

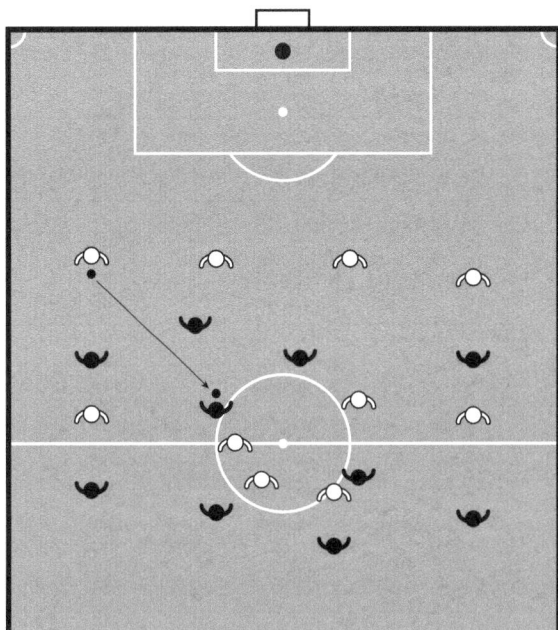

前锋在高位进行逼抢，迫使对方将球传至边路。在对方将球传到对方边后卫位置后，己方边前卫要封堵其向前的传球路径。球员应互相配合，盯紧自己的盯防对象，同时为应对接下来对方的传球做好准备。当对方准备向前长传或者转换边路来跳过中场区域时，一定要格外注意。若对方将球传到己方等候多时的场中央时，后腰迅速上前拦截该传球。

瞄准这一区域

后腰成功抢断后，周围队友要迅速切换至进攻状态，向对方球门逼近。当然，对手也会迅速切换至防守状态进行严密防守。即使后腰将球传到前腰脚下，前腰也会面临对方中后卫的严防死守。同时前锋、左侧边前卫也会受到严密盯防。这时，己方右侧边前卫应当果断上前参与进攻，尽量从对方中后卫和边后卫之间突破。同时由于前锋和左侧边前卫的行动，对方阵形的正中央出现了空当。

！要点

以较少的人员进行攻门。己方后卫队员无须上前参与进攻。后腰也不必冒险上前。

145

短距离反击的训练方法（一）

这节介绍的训练方法可以帮助球员在练习短距离反击的同时，掌握在狭小空间内进行激烈逼抢的方法。一起来学习抢断和抢断后短距离反击的战术吧！

狭小空间内的逼抢以及短距离反击的练习

这个练习方法可以帮助使用者熟悉狭小区域内的逼抢，以及之后迅速转换攻防状态实施反击的感觉。该练习对带球进攻的一方有诸多限制，请在理解这些限制的基础上进行练习。

首先在场上以中线为中心设置一块 35~40 米见方的区域，门将将球发给中后卫之后，中后卫必须进入这一区域，才能将球传给别人。这一区域划分为四个小区域，开始时进攻方必须在某一小区域内传球两次，才能将球传到别的小区域。一旦被抢断，应迅速转换攻防状态，努力将球夺回，但若抢断方已经突破离开这片 35~40 米见方的区域，被抢断一方就不能再继续追赶了。为了防止短距离反击，进攻方在被抢断后要在狭小的区域内展开激烈的逼抢。

抢断后要在七秒内射门

与此相对，防守一方首先要在狭小的练习区域内进行逼抢，抢断后要应对对手的逼抢，迅速突破到 40 米见方的区域之外。我们还可以设定诸如抢断后七秒内完成射门等条件，鼓励球员们快攻，以取得更好的训练效果。

这种练习旨在帮助练习者以较少人数完成从高位抢断到短距离反击的全过程。因此，在这个练习中，防守方越过中线的人数不能超过五人。

短距离反击的训练方法①

虽然是使用全场进行的十对十训练，但是主要使用中间40米的区域。带球的白队中后卫必须进入40米练习区域后才能将球传出。黑队最多只能有五名球员到对方半场，并依靠这五名队员尽可能在中央区域进行抢断。成功抢断后，迅速转换至进攻状态，在七秒钟之内完成射门。白队在40米的练习区域范围内可以进行防守，黑队突破练习区域之后，白队就不能再追赶了。

！要点

练习区域分为四个小区域。白队在一个小区域内传球两次后才能将球传到别的区域。黑队可以趁机进行抢断。

147

短距离反击的训练方法②

这节介绍一种更接近实战的训练方法。这种训练禁止进攻方进行长传或是转换边路，以取得更好的练习效果。

放宽对进攻方的限制，更接近实战

该训练法放宽对进攻方的限制，设定一种更接近实战的情况。该练习的关键在于双方中后卫位于40米练习区域之外。他们不属于任意一方，只为场上队员做一些辅助工作，在己方进攻时帮助传球，在对方进攻时可以接过对方的传球。

练习时防守方各球员要明确自身的职责。前锋要将对方带球队员逼至边路，边前卫要封堵其向前的传球路线。此时若进攻方进行长传或是转换边路，练习短距离反击的效果就达不到了，因此要限定进攻方传球只能使用地滚球。

可以利用练习区域外的中后卫

抢断成功的瞬间，双方都要迅速转换攻防状态。之前的进攻方接下来要积极逼抢，阻止对手的反击。而成功抢断的一方，要应对对手的反抢并在七秒内完成射门。

抢断的一方可以先将球传给练习区域外的中后卫。两名中后卫站位不要向两翼展开太多。因为实战中短距离反击的横向宽度一般不超过禁区的宽度，所以两名中后卫的站位间隔不要太宽，因为他们还承担着接球者的职责。

短距离反击的训练方法②

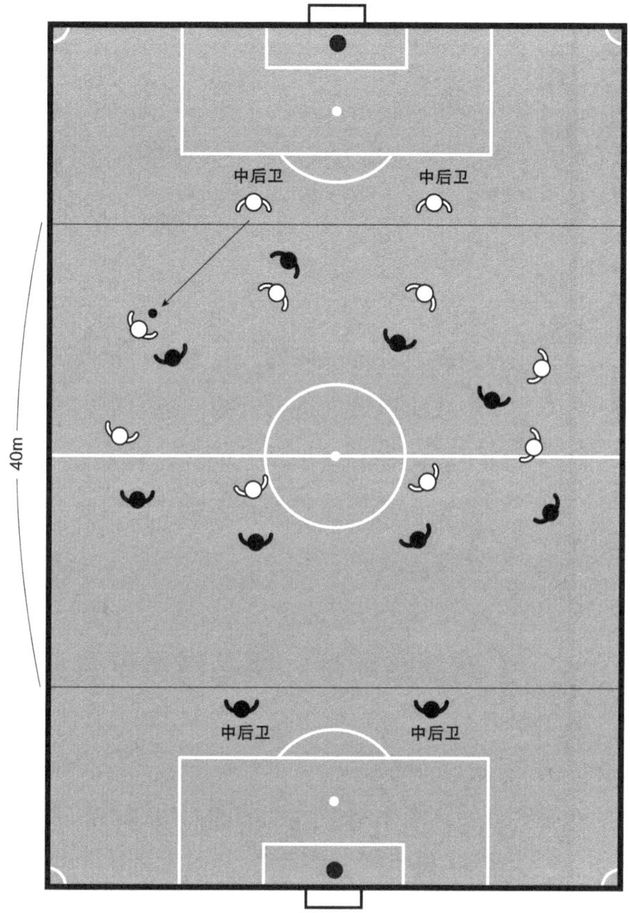

在中间的40米练习区域范围内，将中后卫排除在外，进行八对八练习。两队的中后卫都站在练习区域之外。白队中后卫将球传给边后卫，接下来黑队上前逼抢，尽可能在对方半场成功抢断。抢断后，黑队要在七秒内完成射门。黑队可以将球传给练习区域外的白队中后卫，再从他那里接过回传。练习区域外的中后卫是不归属任何一方的中立人员。

！要点

实施短距离反击时，可以自由选择是否利用练习场地外的中后卫。黑队突破到练习区域范围外，白队就不能再继续追赶了。

短距离反击的训练方法③

这节介绍的训练方法是从某区域内的六对四状态开始，防守方成功抢断后迅速将球传给区域外的前锋，同时两名球员离开该区域进行反击。这种训练方式能通过调整设定改变难易度。

狭小区域内四人配合逼抢是关键

在狭小区域内进行六对四练习。因为这是抢断后短距离反击的练习，所以练习场地选在中线附近的边路。进攻方接球后必须触球两次后即将球传出，并要达到连续传球 10 次的目标。而防守方则努力进行抢断。

这是针对防守方的练习，防守方四人要互相配合，完成各自的职责，合力进行抢断。虽然我们觉得在狭小区域内进行六对四练习很容易抢断，但实际上若防守方球员缺乏配合，很难做到这一点。防守方球员的动作不能有无意义的重复，也不能行动过早或过慢。

成功抢断后，两名球员配合前锋进攻

多名球员配合进行抢断，可以分为三个步骤。首先，限制对手传球路线，迫使其只能向一个方向传球。接下来上前逼抢。当对方将球传出时进行抢断。请不断练习，直到能够自然地完成这一流程。

防守方四名球员抢断后迅速将球传给球门前的前锋。同时四人中的两人离开练习区域，配合前锋进攻。若没有抢断，但成功将对手的球踢走解围三次，则由教练直接将球发给防守方前锋，防守方球员迅速切换至进攻状态，展开反击。在逐渐熟悉这一练习后，可以尝试在球门前增加后卫的人数，或是允许原防守方有更多人参与反击。也可以尝试将球传给前锋，从另一侧边路出一个人协助进攻。

短距离反击的训练方法③

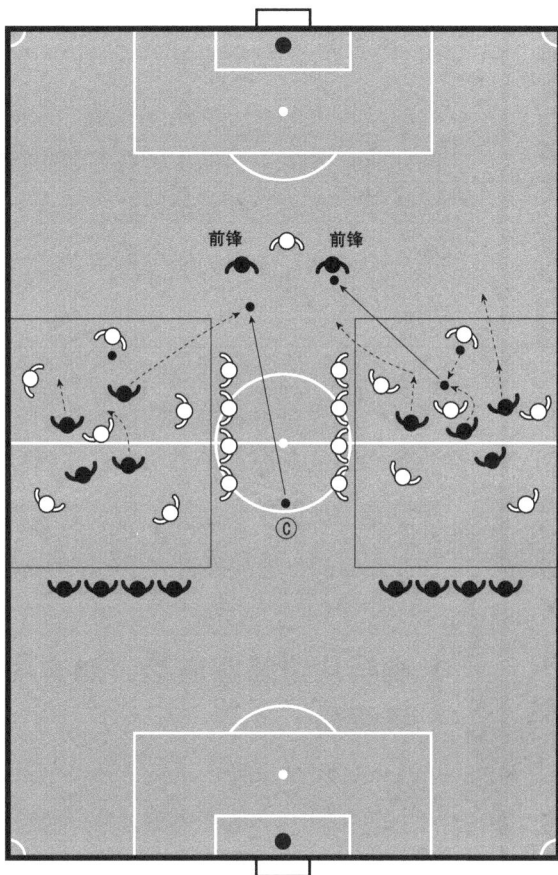

一开始扮演进攻方的六人中的五人站在周围，一人站在中间。防守方四人则在内侧伺机拦截传球。进攻方六人必须在触球两次后将球传出，并且要以至少连续传球 10 次为目标。防守方伺机抢断。成功传球 10 次后，由外面的球员替换。防守方抢断后将球传给前方的前锋。同时四名防守球员中的两人上前协助进攻。若没有抢断，但成功将对手的球踢走解围三次，则由教练直接将球发给防守方前锋，此时也是四名防守球员中的两人上前协助进攻。在另一侧边路也进行同样的练习，球门前的前锋注意观看两侧的练习。

！要点

习惯这一练习后，可以对练习的设定进行各种修改，比如在前锋旁边布置另一方的中后卫进行盯防。同时，可以将防守方上前反击的人数增加至三人，同时另一方也可以有两人追出来。

151

边路进攻的思路和基本要领

足球比赛中，大家一般会注重中路的防御以保证球门不失。这种情况下，进攻方很难从中路完成突破，此时可以选择从边路进攻，以达到更好的进攻效果。

通过边路进攻，弱化对手中路的防守

我们在足球比赛中经常听到边路进攻的说法。对防守方来说，中路被突破是一件很危险的事情，因此防守方对中路的保护往往都很严密。配有强力中后卫、后腰、前腰的球队，防守一般都很稳健。那么面对这样的强力防守阵容，进攻方该如何打开局面？

答案就是边路进攻。进攻方将球运至边路，防守方球员自然也会追到边路来盯防。这样一来，除非防守方球员配合十分完美，不然固若金汤的防守阵形上必然会出现空当。边路进攻就是这样，可以让原本握成一个拳头的防守方将拳头松开。

成功从边路突破后，对方中路将会变得薄弱

进攻的一个基本依据是攻击对手的薄弱部位。薄弱部位，即防守人数较少的区域。中路防守人数众多，即使突破一人，其他球员会迅速上前继续盯防，相比之下边路更加薄弱，易于进攻。在对方半场深处与对方边后卫一对一单挑时，对手只能从一个方向进行逼抢。突破这名边后卫后，其他对方球员进行补位，则对方中路的防守就削弱一分。边路进攻可以有效打乱对手的阵形。

借势从中路进攻，将对手吸引过来

若拘泥于边路进攻，则无法有效迷惑对手。因此，

边路进攻的基本思路

通常来说，射门时都是从不超过禁区横向宽度的场地中路起脚。从边路区域射门角度较差，难度较高。因此，防守方会优先保证中路的防御。要击破这样的防御，可以选择从边路进攻。

图中文字：
- 最为推荐的边路区域
- 从边路进攻，将对手吸引至边路区域

在一对一对抗中突破

要在一对一对抗中获胜，接球前的动作、接球时的动作都很关键，双方的对抗在接球前便已经开始。此外，传球的质量一定要高，若传球质量不高，接球者就会为停球花费额外的工夫，而对方后卫会趁机迅速逼近。

图中文字：
- 高质量的传球能帮助队友在一对一对抗中占据优势
- 劣质传球让队友陷入僵局

可以采用一些手段让战术更加富于变化，比如可以先借势从中路进攻，接下来再走边路；或是从一侧边路进攻，将对手吸引过来后，将球传至另一侧边路，从那边展开进攻等。

此外，好不容易能在边路得到一对一的机会，若传球质量不好，则接球队员很难按照自己设想的节奏发起进攻。为了在边路迅速取得胜利，传球者和接球者要注意配合，保证传球的质量。

如何有效实施边路进攻

边路进攻的关键是传球的准确性。边路球员得到传球后，可以首先尝试自己带球进攻，若难以突破，则找准时机传中，这样可以提高得分的概率。

边路接球的球员要和传球者协调一致

边路接球时球员的站位十分重要。站位要考虑到和对手之间的距离，要正确判断是突破到对手身后去接球，还是在对手面前接球。很多时候，因为传球者和接球者没有协调一致，导致传球被截断。大家可以通过眼神、口头交流，有时再加上手势，充分沟通，并且由接球者来决定传球的时机。

若前锋位置良好，可以进行外围传中

除了接球者的站位，传球的质量也很重要。一个理想的传球能让接球者停球不费工夫，迅速转入下一个动作。如果传球是不贴地的高飞球，则接球者不得不为接球花费额外的工夫，对手会趁机逼近。如果能在前锋向前跑位时，传出一记合适的传球，则前锋连假动作都不用做，可直接向前突破。从中央向边路传球时，传球者要注意让球便于接，接球者则要注意接球的位置，要便于展开下一个战术。

球员在边路控球后，可以积极带球进攻。若前锋掌握时机进行跑位，则控球者应该进行外围传中。进攻应当迅速而简洁。外围传中时，若能传到对方门将难以扑救，对方后卫也来不及回防的地方，可以有效提高进球的概率。

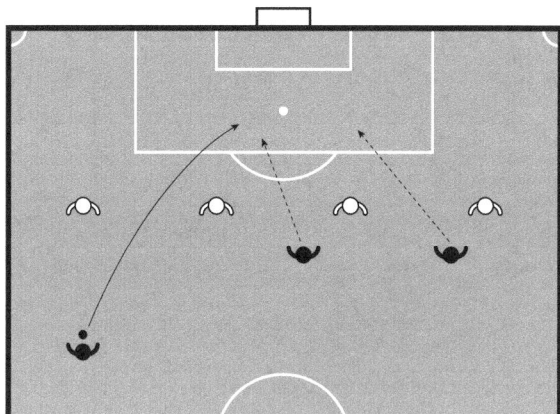

与自行带球进攻相比，优先进行外围传中

球员在边路带球时，应先确认一下球门前的情况。若前锋抓住时机开始跑位，则边路控球球员应当进行外围传中。在这种情况下，对方中后卫必须一边向球门方向跑动一边应对来球。若己方跑位的两名前锋跑向不同的门柱方向，进攻效果会更好。

为什么前锋要交叉跑动

球门前的两名前锋交叉跑动，一人跑向近端门柱，一人跑向远端门柱，可取得更好的进攻效果。对方中后卫必须留意边路和禁区前的诸多事项。此时己方两名前锋交叉跑动，则对方中后卫又多了一个盯防对象的交接，任务变得更重。若交叉跑动后队友没有及时把球传来，可以继续新一轮的交叉跑动。前锋可用这种 8 字形运动，扰乱对手。

检查
要点

通过交叉跑动，将中后卫引开

　　球员在边路控球时，可以积极自行带球进攻。不过，若前锋在合适时机跑位到球门前，则控球者可以进行外围传中，将球传到对方中后卫和门将之间的区域。趁对手尚未反应过来，己方迅速进攻。

　　两名前锋交叉跑动，分别跑向远端和近端门柱。交叉跑动还应配合后续行动，比如绕到盯防自己的对手的身后，再从其身后跑到面前等。应进行各种跑动，以寻求摆脱盯防的时机。

边路进攻的例子（一）

边路进攻需要掌握的基本战术是二过一。球员在传球之后跑位，通过准确而迅速的连续传球突破对方防守。

使用二过一战术，实现边路突破

边路突破时一个比较简单的方法是二过一战术。在狭小区域内，通过准确传球的衔接，将对手抛在身后。足球的一个基本原则是传出球后就进行跑位，因此二过一并不限于边路，而适合球场的所有地方。不过，若边路球员能够单独突破则更为理想。边路进攻时，优先进行单独突破，接下才是与队友配合使用二过一战术。除了二过一外，也可以采用三过一等团队战术实现突破。

边路进攻的战术应当由队员视场上情况决定。练习中可以设定各种各样的情况，让大家积累经验，这样大家在比赛时才能够做出正确判断。

与队友协作，准确传中

开始时，先把二过一掌握好。二过一要求传球迅速而准确，看起来简单，实施起来却不容易。

此外，之前突破到对手后方的球员接到球后还有下一个任务，就是以最快的速度传中。到此为止的一系列流程，都是为了这个传中。一个准确的传中可以让跑动到球门前的队友获得一个良好的射门机会。

边路进攻的例子①

己方意图从左侧边路突破，但是对方边后卫挡在面前。自行带球难以突破时，可以尝试一名前锋靠近支援，使用二过一战术。此时，前来支援的前锋一开始不要靠得太近，因为那样会失去传球的角度。并且控球的己方边前卫要先将对手吸引过来，这样才能通过精准的二过一战术在左侧边路实现突破。

!**要点**

准备前来支援的前锋要把握这种感觉：等待己方控球队友将对方后卫吸引过去，在其传出球的一瞬间，迅速上前接球。

157

边路进攻的例子②

这节介绍三人协作从边路突破的方法。己方球员横向将球传到场中央时，从外侧突破的队员使用叠瓦式跑动战术，从外侧绕过，接过传球。

边后卫的叠瓦式跑动分外侧和内侧

叠瓦式跑动是带球队员将球传到边路后，再向前跑动超过之前接球的队员。此时的向前突进有从带球队友的外侧或者内侧经过两种路线。走外侧，跑动距离长，但是相应的对方中场球员的防守、补位也会比较迟缓。

如果队友带球从中路突破，那么对方的边后卫也会被吸引到中央去。在外侧会出现一个很大的空当。从边路将球传中→中路带球突破，之后中路的球员再将球传给跑动到对方边路空当的队友。准确迅速地完成这一系列动作，应该就能摆脱对方的跟防，在敌阵深处接到传球。

一个缓慢的横向传球后，迅速接一记准确的纵向传球

接到横向传球的队员再次将球传向前方时，应准确判断场上的形势。接过这记缓慢传来的横向球后，在合适的时机迅速再将球传向前方，可以打对方一个措手不及。最理想的情况是中间的队员接过横传后，能够直接迅速将球传向前方。

站在防守方的立场上思考一下就会明白，横向跑动时应对来球比较简单，而纵向向后跑动时应对来球则很困难。而且，突然改变进攻的节奏，也可以让防守方来不及反应。即使使用同样的战术流程，也可以通过改变进攻的节奏，让战术富于变化。

边路进攻的例子②

首先，控球的左中场给左边前卫一记短传。得球后的左边前卫带球压向对方的右边后卫。在此期间，己方左中场迅速跑向对手外侧。带球前进的左边前卫，在己方左前锋靠近后，以一个缓慢的短传将球传给对方。接到传球的己方左前锋将对方中场吸引过来的同时，直接将球传给已经跑动到位的己方左中场。要注意传球的速度和准确性。

！要点

在边路带球的队员将球向中央带一段距离，可以将对方边后卫吸引过来，在外侧制造空当。

159

边路进攻的训练方法（一）

这节介绍一种进攻方使用边路进攻的六对六训练方法。进攻方必须在五秒内突破限定区域的底线，因此对进攻方判断的准确性和边路进攻的速度有一定的要求。

有效利用边路空间，以迅速得分为目标

在较小的场地进行专门训练时，也要有边路进攻的意识。为了培养队员的这种意识，可以在练习场地的两侧各设置一个宽两米的区域，进攻方进攻时至少进入该区域一次。防守方则努力阻止进攻方利用边路进行进攻。这是一场想利用边路进攻的进攻方与阻止对方边路突破的防守方之间的六对六（+自由人）的攻防战。

进攻方在两侧区域得球后，要在五秒内突破底线。此外，进入两侧区域后，球员必须在三秒内将球传给队友。防守方要努力阻止对手的边路突破，但防守方不能进入两侧区域。习惯这种练习后，球员就可以和其他队友配合突破攻门了。

传球者和接球者都要保证动作的准确性

因为规定要在五秒内突破底线，所以进攻方必须快攻。而且在小范围场地实验六对六，如果传球不够精准，无法保证进攻的连贯性。若接球者的控球能力欠佳，也无法流畅地进入下一个环节。准确判断如何利用边路进行进攻的能力不可或缺，进攻时动作的准确性也必不可少。

当然，需要判断力、动作准确性的不止是边路进攻。整个足球运动中最重要的就是判断力。在情况不断变化的比赛中，球员要对攻防形势有准确的判断。

边路进攻的训练方法①

突破底线

自由人
Ⓕ

40m

2m   32m   2m

小场地进行的六对六（＋自由人）对抗。双方只要突破对方 32 米宽的底线就算破防得分。两侧 2 米宽的区域是要点，进攻方进攻时至少进入该区域一次（防守方不能进入该区域）。但是，进攻方在该区域只能停留三秒，在此期间如果没有得到传球就必须退出该区域。如果在该区域得到传球，必须在五秒内突破对方底线。习惯这种练习后，可以尝试在边路进攻，配合其他队友的跑动来攻门。

！要点

最初练习时，进攻方接到传球后要尽快将球传出，以锻炼自身迅速做出判断和动作的能力。熟练后则不用做这方面的限制。

161

边路进攻的训练方法②

这节介绍的训练方法用足球场地的一部分作为攻击区域，让球员在游戏的过程中自然掌握边路进攻。这种方法不仅可以锻炼球员的判断能力，练习提高其动作的准确性，还能提高球员的精神集中力。

在两侧设置进攻区域，通过小游戏进行练习

这里介绍的练习方式需要使用半个场地，并在两侧设定进攻区域。世界上有很多使用球场的一部分并制定各种规则的足球小游戏。这种方法不仅可以锻炼球员的判断能力，练习提高其动作的准确性，在一定条件下，还能提高球员的精神集中力。在阿根廷，小孩子们会使用这种方式进行练习。使用全场十一对十一时，则在球场上设置四个进攻区域。若球员进入进攻区域后能在规定时间内进球，则得分翻倍。设置四个进攻区域，可以让孩子们在愉快玩耍的同时，自然地练习、掌握边路进攻的方法。

边路进攻虽然有效，但也不要拘泥于边路进攻

日本足球界缺少让球员"从孩提时代起自然地学习"的方式，因此在比赛中，经常出现球员无法做出准确判断的情况。比如从边路进攻更容易突破对方防御，更容易得分，但并不是一定要从边路发动进攻。

足球比赛的目的是什么？进攻是为了什么，防守又是为了什么？一切都是为了比赛的胜利。因此要记住，为了比赛胜利，需要球员具有判断能力。

边路进攻的训练方法②

第

在半场进行包括门将在内的十一对十一练习（不是十一对十一也可以）。进攻方必须进入设定的进攻区域后才能攻门。在最初阶段，进攻方可以有任意人数进入进攻区域，而防守方不能进入。随着练习的深入，可以放宽限制，防守方可以有一人进入进攻区域。伴随这一改变，进攻方也会改变自身的意识，更加积极有效地利用边路的进攻区域发动进攻。

！要点

当防守方被允许进入边路的进攻区域后，进攻方在进攻时要意识到"进攻方可以有任意人数进入进攻区域"这一点，灵活选择战术进攻。

163

转换边路战术的思路和基本要领

转换边路战术是将对手吸引至一侧边路后，迅速从另一侧展开进攻的战术。在转换边路战术的过程中，如果对方阵形中央已经出现空当，则应迅速向中路突破，不要纠结于实施了一半的转换边路战术。

将对手吸引至一侧，向对手薄弱的另一侧进攻

在某一侧进行三四个短传，将对方球员吸引到这一侧后，我们将球迅速传至另一侧边路。之后会有怎样的效果？

防守方以紧密的阵形进行防守，当进攻方集中人员从一侧来攻时，防守方球员也会向这一侧集中。也就是说在另一侧会产生巨大的空当。这时将球传到另一侧，己方球员有可能不受干扰地接过传球。这是转换边路战术的一大作用。

如果不是"开大脚"，而是经由中间的球员将球传至对侧的话，对方球员会将注意力转移至另一侧，有可能使对方阵形中央出现空当。这时，应迅速瞄准这一空当进行进攻。通常防守方会更加重视中路的防御，因此进攻方要采取转换边路战术，进攻对手薄弱的一侧。实施转换边路战术后，防守方的注意力又会向两侧倾斜，中路的防守反而变得薄弱。这个时候，就不用继续纠结于转换边路战术了，可以直接向中央突破。

寻找对方防守的薄弱环节，迅速展开攻击

球员实施转换边路战术或中央突破时都要拿出认真劲儿来，当防守方的注意力被进攻方的行动吸引时，攻击另一侧边路。转换边路战术实际上是一种寻找对手防守薄弱环节并迅速进攻的手段。因此发现对方中路出现空当时，当然可以从中路突破。

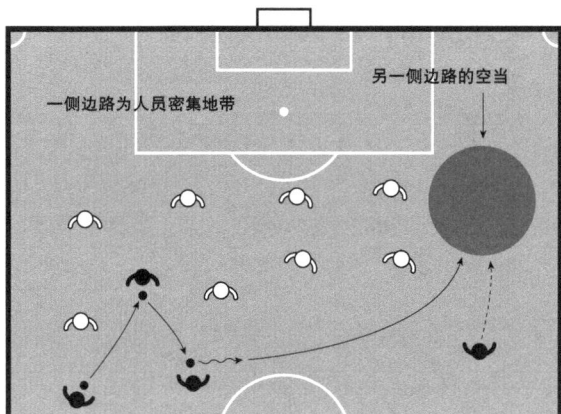

基本原则是瞄准另一侧空当

在左侧连续传球，但是防守方阵形严密，没有进攻空间。尝试向前传球，但是前方己方球员人数也少，难以突破。这时可以试着将球向后方回传，接到球的进攻方球员将球传至另一侧边路。

一侧边路为人员密集地带

另一侧边路的空当

若在中央出现空当，则无须继续实施转换边路战术

在左侧边路传球的同时寻找对方薄弱点。靠近场地中央位置的队员带球时环顾场上，发现防守方阵形中央出现一个小空当。进攻方可以果断选择距离最短的中央突破，不一定非要从边路突破，之前选择转换边路战术只是因为对方中央防守严密。

▌要做出准确的判断，需要广阔的视野 ▌

转换边路战术以及足球的其他传球战术，目的都是为了突破对方防线，成功得分。在一侧连续传球，使对手另一侧出现空当。此时伴攻的这一侧，也有进行突破的空间。这时，就要考虑两侧到球门的最短距离、射门成功率等因素，再决定下一步的行动。

要进行准确的判断，必须有开阔的视野。足球运动中判断力十分重要。因此，在练习时就要时刻有意识地保持自己视野开阔。

165

如何有效实施转换边路战术

提起转换边路战术，很多人可能觉得只要有一记横传即可。实际上，横传前需要一次纵向的传球，来将对手吸引过来。需要注意长传的难度比较高。

向前方传球，打乱防守阵形

转换边路战术需要的不仅是一记横传。如果只是一记没有任何变化的横传，不能打乱防守方的阵形，就发挥不了该战术的效果，仅仅是将球传到了另一边而已。

实施转换边路战术时，先来一记向前的纵向传球很重要。并且它应该是尽可能朝向中央的纵向传球，这样一个球仿佛嵌入防守方阵形的楔子，迫使防守方做出应对，使防守方严密的阵形出现漏洞。

而这个楔子嵌入的地方，应该在对方中场球员之间、中场球员和边路球员之间，或是后场球员和中场球员之间等防守区域的交界处。将球传给处在这个位置的己方前锋，则对方前后左右的防守队员都会靠过来应对，防线也就会产生空当。

发现防守漏洞时，马上加速

如果此时进攻方前锋能够单独突破，那就突破。但实际上此时进攻方处于人数劣势，很难有单独突破的机会。因此聪明的选择是再将球传回给中场球员。接到球的中场球员要寻找此时防守方的空当。因为之前进攻方向中央插入一个楔子一样的传球，很可能使防守方在边路出现空当。这时将球传至另一侧边路进攻，会比较有效果。

如果转换边路战术奏效，另一侧出现防守漏洞，那么接下来的进攻要点就是马上加速，一鼓作气向漏洞方向突破。全体队员都应该掌握这个加速的时机。

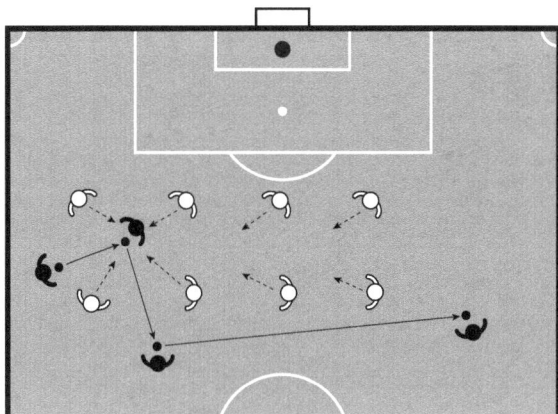

插入楔子，吸引周围四名对方球员

进攻方球员将球带到左侧边路，但是防守方阵形严密，没有进攻的空间。然后一名进攻方球员跑动到防守方阵形中的狭窄空间，并从边路球员那里接过传球。之后该球员在不被抢断的前提下尽可能久地控球，再将球传回给后方球员。因为防守方已经被引向这一侧，这时进攻方可将球传向另一侧边路。

转换边路时容易犯的错误

在左侧边路控球的进攻方球员遭到围攻，既无法向纵深突破，周围也没有前来支援的队友，陷入困境一筹莫展。不得已将球回传时，防守方向前逼近施加压力。进攻方球员试图将球传至另一侧边路却被中途截断。要注意随便进行横传是非常危险的，一旦被截断，很容易被对手一口气反攻射门。

插入楔子，吸引对方队员

　　向前的楔子式传球可以有效打乱防守方阵形。特别是将球传到防守方球员防守区域交界处，会让防守方球员因不知道该由谁盯防而陷入混乱。

　　防守方很可能有多名球员同时压过来，在其防线其他地方就会出现漏洞。之后，进攻方球员向漏洞处跑位并接过传球，进行下一步行动。

　　将球传向另一侧边路时，接球者与其站在很靠前的位置，不如在相对靠后一点的位置更好。如本页插图所示，若接球者处在那么一个尴尬的位置，很可能被抢断。

这节介绍的方法是从左侧边路传入一个楔子式的传球，将防守队员吸引过来后，再将球传至另一侧边路。将球传至防守方认为的危险区域，迫使防守方将注意力集中到此处。

不断迫使对方移动视线，使其无法锁定目标

来回传球的一个目的，是使对方无法锁定目标。以较快的节奏连续传球，可以占据先手，只要不出现失误，不给防守方抢断的机会，终归会有机会射门。实施转换边路战术时，进攻方要处于主导地位，不是在一侧边路走投无路了迫不得已逃向另一侧，应该从前后左右各个方向动摇防守方的防御，积极地试图破防。

迫使对方中后卫移动视线的同时，迅速瞄向另一侧边路

向对方阵线中央插入楔子后，将球回传，再传到另一侧边路。与直接将球传到另一侧相比，这种先将球传到对方阵线中的方式更有效果。对方中场球员面对球在"左侧边线→中场球员之间的危险区域→场地中央"的运动会觉得目不暇接，对另一侧边路的警戒也会渐渐放松。究其原因，是因为球进入危险区域后，防守方球员会高度紧张，很难把多余的注意力分配给另一侧边路。

进攻方将球回传可以暂时缓解防守方的紧张感，对进攻方来说这是一个很好的机会。果断将球传至另一侧，迅速进攻防守方的薄弱环节。转换边路战术能够迫使防守方不断转移视线，无法锁定目标。

转换边路战术的例子①

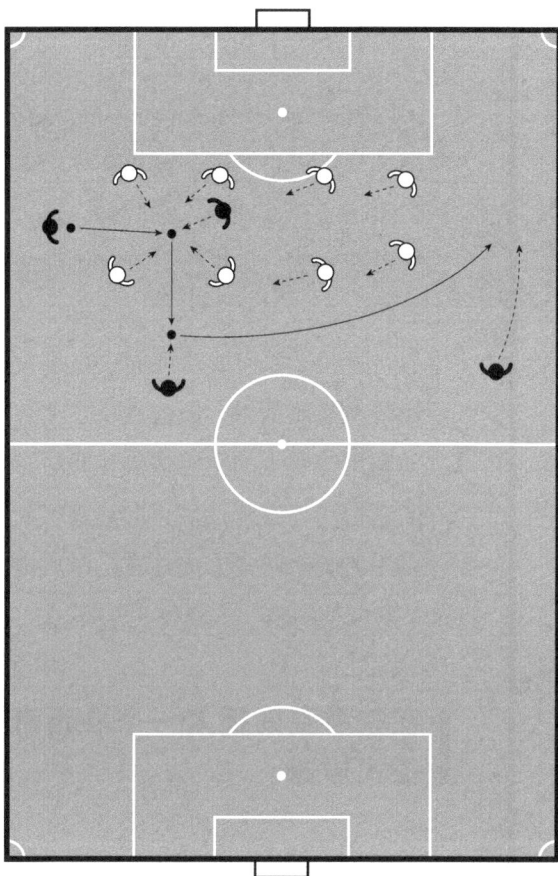

进攻方在左侧边路带球，但是防守方阵形严密，无法打开突破口。为了打开局面，来支援的进攻方球员可以在防守方的中场和后场球员之间要球。这里空间狭窄，在这里要球可以迫使防守方前来盯防，使其防线出现漏洞。在防守方球员逼近后，迅速将球传回中场。接到传球的球员确定了另一侧边路的情况后，在提防对手抢断的同时，将球传至另一侧。

!要点

如果没有球员能踢出低平长传，就尽可能制造二对一的场面，通过一系列短传将球传到另一侧。

169

转换边路战术的例子②

转换边路战术的要领是从前后左右各个方向动摇防守方阵形，然后迅速将球传到出现破绽的另一侧边路。这节介绍的是通过多个连续短传，将球传到另一侧边路的方法。

为了利用对方防守漏洞，传球时要发挥主观能动性

边路进攻的目标是防守方阵线深处两侧的空间。向纵深突破后，进攻方球员在球门前传中，防守方队员不得不掉头回去试图解围，这很难，而且容易丢失盯防目标。这也是进攻方选择从边路进攻的一个原因。

问题在于如何成功地向这里突破，如何能动地运用转换边路战术，换边进攻，在防守方做出反应之前利用边路上的空当进攻。此时在前后左右各个方向动摇防守方阵形后再向边路突破，效果更好。可以不断吸引防守方的注意，最后由在边路得到球的队员向前突破。（参照下页图）

在狭窄空间插入一个准确而迅速的楔子式传球

要点是传球的速度和准确性。特别是这个从中场传给位于防守方阵形中央的己方队友的传球。该队友所处空间非常狭小，因此传球时稍有差池，就可能被防守方抢断。此外，最后从中场传向边路的球也要特别注意，避免球速太慢被抢断，也要避免踢得太猛让球直接冲出边线。

传球者也可以直接将球传到防守方防线深处，但长传可能让防守方有足够的时间做出反应。可以将球传给在边路靠后位置等待的队友，再由那名队友向前突破。

转换边路战术的例子②

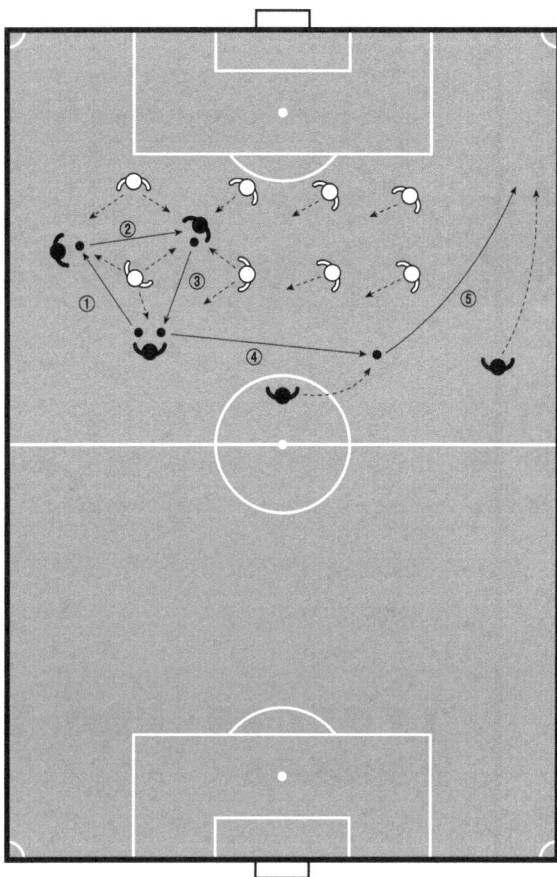

这是一种比较复杂的转换边路战术，需要从前后左右各个方向动摇防守方阵形。在左侧边路，三名进攻方队员组成三角，按照图中①→③的顺序迅速连续传球。在传球①②的过程中，若接到球的队员有自己突破的机会，可以直接进行突破。如果难以直接突破则按传球③的线路将球传回中场。此时防守方的视线集中在左侧边路，进攻方可以选择从右侧边路突破。如果不能直接一记长传将球传到对侧边路，可以按④所示，在其他队员的配合下将球传过去。

！要点

另一侧的进攻方队员要时刻准备好接球。若位置太靠前，传球者可能难以将球传来。

171

转换边路战术的训练方法（一）

要熟练掌握转换边路的战术，可以在场地中设置三个小门来训练。进攻方在一侧边路连续传球吸引防守方，然后迅速向另一侧边路的小门发动进攻。

在边路设置小门，进攻方必须从这里通过

为了练习突破对方边路，可以在球场上设置三个小门。进攻方必须通过这些小门才能攻门。如果采取六对五等进攻方人数较多的练习方式，进攻方在另一侧边路的球员很容易摆脱盯防，也更容易实施转换边路的战术。

进攻方可在一侧边路通过几个连续的短传开始进攻。之后可以尝试自行带球、二过一、叠瓦式跑动等各种能够突破边路的方法。若是突破无望，则应迅速转换边路。可以给进攻方设定必须在五秒之内突破小门并攻门的条件，这样进攻方就会踢出一连串迅速的短传。

不要只盯着另一侧边路，也要盯着本侧边路后方

日本队前主帅汉斯·奥夫特（马里乌斯·约翰·奥夫特）经常说："如果在一侧边路已经连续传球三次，那么是时候转换边路了。"据说被誉为日本足球之父的德特马·克拉默刚接手日本队时也曾指导日本队员说："连续三次短传后，就应该考虑另一侧边路了。"确实，将对手吸引过来后，再将球传向另一侧的进攻效果显著。

但在南美洲，人们实践着另一种战术。那就是将对手吸引到一侧边路后，进一步向这一侧边路的后方突破。这需要在非常狭小的空间内突破阵线，需要很高的技术水平。

转换边路战术的训练方法①

设置三处小门，进攻方从小门突破后才能攻门。通过两侧小门得一分，通过中间小门得两分。在六对五练习中，进攻方人数较多，可以帮助进攻方练习转换边路战术。通过小门时自行带球或者传球皆可。将通过中间小门的分值设置为边路的两倍，可以帮助进攻方养成在进攻时时刻注意中路的意识。

！要点

进攻方应当在接球五秒内攻门。在一侧边路连续传球后，就可以考虑另一侧边路了。

转换边路战术的训练方法②

这节介绍的训练方法需要在边路设置四个区域进行针对性训练，非常简单。射门前若通过边路的指定区域，得分会以三倍计，这样球员们会在潜移默化中主动选择转换边路，掌握转换边路的技巧。

要突破对方防线，就不能出现传球失误

为了让球员们从集中训练中得到乐趣，可以在练习时设定各种各样的条件。这里介绍的练习方法是在球场上设置四个通过区域，如果进攻方通过该区域后成功射门，则得分为普通射门的三倍。这样做可以极大提高球员们对于边路的重视，帮助他们学会如何在实战中完成边路突破。

同时，防守方也会想尽办法阻止进攻方使用"通过区域"。进攻方若要完成突破，快速而准确的转换边路战术是一种有效的方法，但不能出现低级的传球失误。这种练习可以使球员们有效掌握转换边路战术。

观察另一侧边路，保持视野开阔

要成功使用转换边路战术，就必须保持视野开阔，事先观察对侧边路的情况。我曾见过河床竞技俱乐部（阿根廷）为了让球员保持开阔视野而进行的一些有趣训练。球员们在场上进行六对六训练时，教练员不停移动球门。所以球员必须在踢球的同时注意球门的去向。这样可以迫使球员养成保持开阔视野的习惯。

足球场上情况瞬息万变，每次出现变化时，球员都必须做出判断。在平时的练习中应该让球员们学会保持视野的开阔，使其具备自由的想象力。

转换边路战术的训练方法②

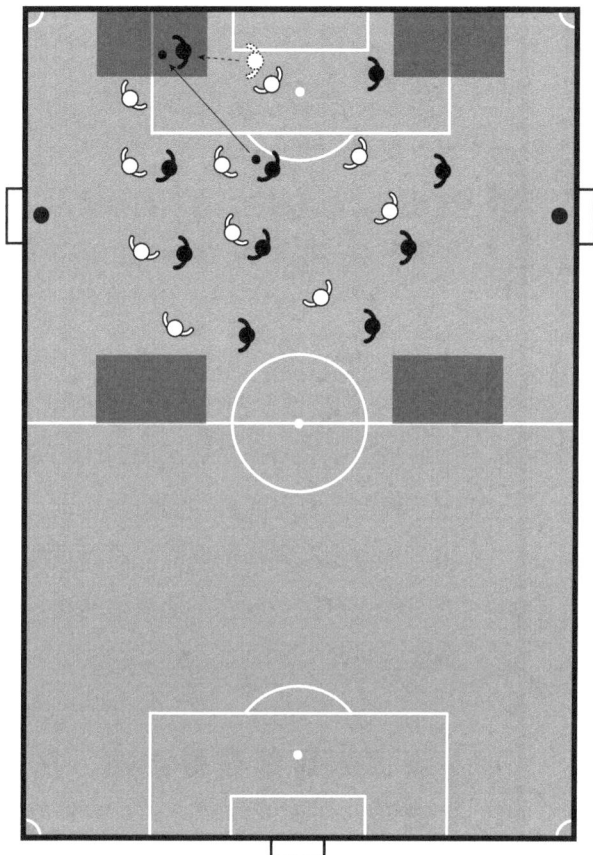

利用半场进行练习，不管几对几都可以。人数较多时，场上空隙较少，对传球的准确性要求更高。在场上设置四个通过区域，如果进攻方先经过此区域再射门则得分为三倍。如此球员会有意识地利用边路，掌握边路突破、转换边路的技巧。因为场上球员比较密集，所以传球时需要迅速而准确。

！要点

在狭窄的空间进行传球，要对传球的准确性格外注意，传球稍有偏差就可能被对手抢断。

高位策应的思路和基本要领

高位策应一般指担任高位中前锋的球员背对球门从后方得球。使用这种战术可以吸引身边防守方球员，在周围制造空当。

在前方接球，引导后方球员进攻

高位策应主要指中前锋接过后方传球，在前场发起进攻的战术。在靠近对方球门的地方发起进攻，对手肯定会集中力量盯防。将防守方吸引至一处后，接下来就看周围的队友如何跑动，完成射门了。熟练运用高位策应，可以让周围的队友摆脱盯防。

当然，即使受到对手严密盯防，也不能被打乱节奏。一个好的中前锋需要强健的体魄和高超的护球能力，即使被多名对方球员包围也不能轻易丢球。中前锋在张开身体护球的同时，将对手吸引到他身边。周围队友要策应中前锋的行动，中前锋接下来将球传给跑动到位的队友。这时接球的队友很可能处于无人盯防的状态，如果他又离球门较近，可以直接射门。

考虑到可能获得点球，在前场发起进攻

中前锋接球的位置也很重要。要避免过于靠后，尽可能在对方半场的深处发起进攻。如果对方球员在对方禁区内侧犯规，己方可以获得点球。也可以由接到传球的球员直接射门。

这样来看，在对方禁区内控球是理想状况，但这很难实现。现实一点的做法是在靠近中场一点的位置，背对着对方中后卫控球。

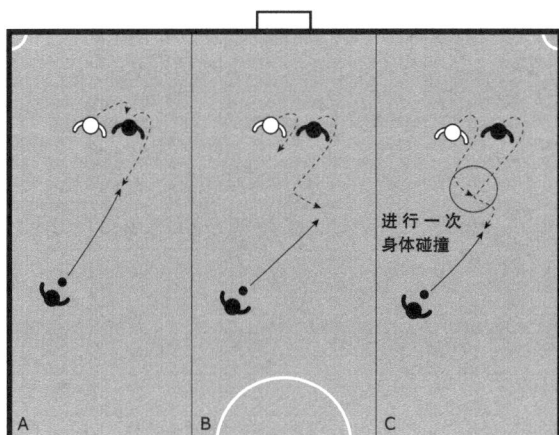

背对防守球员接球的基本要领

主要有三种接球方式，首先如 A 所示两人并排站立，先做出一个尝试突破的假动作，然后加速向中场方向跑动。或如 B 所示先直线移动，然后迅速改变移动方向接球。或如 C 所示先有意和对手发生身体碰撞再接球。要保证动作的流畅、连贯。

进行一次身体碰撞

A B C

在防守方的空当处实施高位策应

前锋中的一个向中间移动，防守方中后卫被其引诱而动。另一个前锋做出要替换该前锋位置的动作。在防守方看来，两名进攻方前锋像是要交换位置。实际上，后动的那名前锋突然改变移动的方向，并接球。攻击防守方中后卫之间的空隙时，两名前锋配合跑动会格外有效。

如果对手后方有机可乘，就向那里的空当跑动

　　最近足球比赛中的高位策应战术渐渐变少了，这是因为球员防守能力普遍提高，要在前场发起进攻正变得越来越难。一旦实施高位策应，中前锋会迅速被对手包围，受到巨大的压力，很容易丢球。因此比起高位策应，中前锋往往更倾向于向防守方后方突破。接到传球前他就要开始和防守方中后卫缠斗，伺机跑向防守方后方的空当接球。或者迅速通过中后卫防线，接到传球后立即向球门方向突破。中前锋若能在掌握这些动作的基础上，掌握高位策应的方法，可以有效增强他在场上的存在感。

如何有效实施高位策应

要有效实施高位策应，前锋需要努力摆脱盯防他的防守球员，争取在不受干扰的情况下接球。当然，对手不会轻易让我们如愿，所以在接球前有许多工作要做。

前锋的跑动是决定成败的关键

前锋在接球前就要与盯防他的防守方中后卫缠斗，前锋要跑动到一个合适的地点，方便他接球后展开下一步行动，同时前锋要调整自己的身体姿态，方便接球。比如做出要突破后防线的动作或左右跑动等。防守方球员势必要做出应对，不断微调自己的位置。前锋球员注意一下跑动的节奏，可以取得更好的效果，比如前一秒还在缓缓移动，下一秒突然提高速度，这样可以把盯防的防守方球员甩掉。然后传球者抓住这一时机，将球传给前锋。这样，前锋就能在距防守球员有一定距离的情况下不受干扰地接球了。

观察中后卫的动作，摆脱后再接球

有两名中前锋的配置时，也要控制好节奏，两人的动作可以有一定的时间差，这样可以让防守方中后卫难以锁定目标。中前锋不能什么都不做，在前场干等队友传球。他应该观察后方带球队友的状态和对方中后卫的状态，尽可能找到一个好时机，摆脱盯防再接球。

接球的地点自然要尽可能靠近对方球门。若能在对方禁区内是最好的，在那里发起进攻会让防守方非常难受。但也正因如此，防守方会对这一动向盯得很紧。高位策应比较实际一点的目标是后防线和中后卫之间的空当。

先跑动，摆脱盯防后接球

中前锋若是想接球时轻松一点，可以选择先跑动起来。比如先做出要突破后防的动作，对方中后卫势必要做出应对。然后进攻方中前锋迅速改变方向，向中场方向跑动接球。这样，慢了一步的防守方中后卫离中前锋有一定距离，后者接球就比较轻松了。

两名前锋协同作战

有两名中前锋的配置下，两人可以协同作战扰乱对方后防，配合传球者的动作，在球传出时交叉跑动。一个人跑向空当处，一人向防守方半场深处跑动，这样可以拖延防守方中后卫的反应时间。接到传球的球员若有机会突破，可以直接攻门。

检查要点

与对方中后卫并排站，让他看到你有绕后的意识

　　对方中后卫无时无刻不在想着抢断，若是前锋老老实实直接向中场后退，然后接球，身后会面对巨大的压力，很可能丢球。所以，中前锋要接中场传来的球时，应站在与防守方中后卫并排的位置，让对方看到你有绕后突破的意识，这样在缠斗中更容易占据先手优势。

　　有两名中前锋的配置时，协同作战即可。仅交叉跑动，就能有效延迟防守方中后卫的反应时间了。此外，也有两人站位一前一后，前方的球员越顶将球传给后方球员等套路。

高位策应的例子（一）

这节介绍的套路是在中前锋高位策应后，第二排的队友迅速跑动到位展开进攻。这时最重要的是传球的精度。中前锋接球后再传给队友时，要注意让对方容易接。

将球传向狭窄区域时，要准确而稳定

接下来介绍一种从边路向中前锋传球的套路。开始时，己方中场球员控球，他若能纵向向前传球当然好，但球路会被对方中场球员封死。这时向左侧边路传球成了最好的选择。

在中场球员向左侧边路传球的一瞬间，中前锋迅速做出配合跑动。之后，边路球员直接将球传给前方的中前锋。这时要注意绝不能出现传球失误。

不管是纵向传球，还是从边路传球，只要接球者必须在狭小的区域停球，传球者就要注意传球的准确和稳定性。如果传球力道太猛，接球者很难控制。并且球一旦离开接球者脚下，很容易被防守方中场球员夺走。因此给处在狭小区域的队友传球时，一定要注意球要容易接。

战术确定下来后，不管谁上场都可以

中前锋将球传给进攻型中场时也要注意让球容易接，方便队友接球后顺势直接攻门。理想状态是直接以连贯的"左边路→中前锋→进攻型中场"的顺序传球，只有不断练习这一流程，让每个队员的大脑和身体都记住这些动作，实战时才能一气呵成，取得成功。此外，只要把这一打法作为球队的战术确定下来，即使更换了球员也可以有效实施战术。

高位策应的例子①

在中场附近控球的球员纵向传球的球路被堵死，于是他通过将球传给从左侧边路靠过来的队友①。同时中前锋迅速跑动到位，在对手后防线和中场球员之间的位置接过传球②。中前锋跑动，在中央会出现一个空当。进攻型中场等二线球员迅速跑动到位，而中前锋此时传出最后一个球③。接到传球的球员可以直接向前突破并攻门。

！要点

如果从中场直接纵向向前传球，那么一定要保证这个传球容易接，保证这个球能稳稳落在中前锋的脚下。

高位策应的例子②

这节介绍的战术是球员向前传入一个楔子式传球，右侧边路球员无球跑动抄防守方后路。有效利用场上的空间，可以使进攻卓有成效。

通过无球跑动，寻找射门机会

和上一书介绍的战术一样，实施这个战术不一定要有两个中前锋，只有一名中前锋也可以实施。但如果中前锋孤立无援，战术就很难实施。所以中前锋和进攻型中场距离较近时应互相配合，让战术的实施更有效。

该战术要点是充分利用场上的空当。先由前锋向对方后防线后方跑动，将防守方中后卫引离原来的位置。之后，另一名前锋跑动到位，实施高位策应战术。接下来，右侧边路的队员向防线更深处跑动。前锋的无球跑动可以破坏防守方的阵形。

向前场传球时要格外注意场上态势

高位策应的实施地点要挑让防守方难受的地方，越是这种地方效果越好。也就是说，向前传球要传到"高风险，高回报"的地方。当然，将球传到这种狭小的地方很容易丢球，但另一方面，却也可以有效吸引防守方球员，帮助周围队友摆脱盯防。

不管用什么战术，向前传球都要万分谨慎，高位策应更是如此。要意识到这个传球的危险性，传球者要注意防守方球员的姿态等，传出的球要让前锋容易接。

高位策应的例子②

左侧边路将球传向中央①的瞬间，一名前锋在不越位的前提下斜向向后防线后方跑动。该球员要做出准备接球的姿态，这样才能吸引防守方中后卫随他而动。之后，另一名前锋向空位移动，接过传球②。同时右侧边路队员向防守方后防线后方跑动，前锋通过传球③准确地将球传给该球员。

！要点

两名前锋没有等来传球就回归原位，之后可以重复刚才的战术动作。两人可以互相做8字形跑动，这样更容易摆脱盯防。

高位策应的训练方法（一）

这节介绍的是培养高位策应感觉的训练方法。方法很简单，而且可以通过设定场上的情况，调整训练的难易度。在训练中尽可能多尝试一些套路。

球传到前场时，周围队友要给予策应

下页图所示是模拟实战的六对五练习，中场布置三名球员负责支援和策应。进攻方组织进攻时将球传向前方。负责支援的三名中场球员可以有一人进入画线的场地中，参与进攻。练习时可以告诉进攻方球会由中场支援的球员传过来。这样一来，当支援球员控球时，前场的进攻方球员会意识到传球即将到来，从而提前配合跑动。

球传向前场后，周围的球员应立刻进行配合跑动，确保传球路线。进攻时跑动范围可以超出场上这块禁区延长线框出的区域，但若要从中央突破，应尽可能在禁区延长线框定的区域内进攻。

通过横传、回传，拉开防守方球员的间距

这个练习的要点是通过横传和回传，拉开防守方球员的间距。将防守方中场球员吸引过来，拉大他们和后防线之间的距离，然后利用这片空当进攻。这样可以提高传球给前场球员时的成功率。

在前场等待传球的两名前锋跑动时应保持向防守方后方突破的意识，这样更容易动摇防守方防线，更容易摆脱盯防，接球更稳。此外两名前锋同时做出不同的动作，周围队友做假动作等也可迷惑对手。

高位策应的训练方法①

三名支援球员（图中 Ⓢ）迅速将球传出，其中的一人可以进入场地，参与进攻。进攻时球员可以离开禁区延长线框出的场地，但在不离开场地的前提下进攻可以找到快攻的感觉。若球被防守方抢断，迅速将球传到图上两个小门的任意一处重新开始。

！要点

事先和支援球员在内的进攻方球员约定直传给前锋，可以使配合更流畅。

185

高位策应的训练方法②

这节介绍一种更接近实战的练习高位策应的方法。实施高位策应战术的两名前锋（或一名前锋和一名进攻型中场）要练好接球前的一系列动作。

设定二对二的局面，锻炼中前锋的配合能力

练习抢断后迅速将球传到前场，可以让中前锋学会如何和防守方中后卫缠斗。后方的球员也可以借此学习断球后如何传球，参与进攻的时机如何把握等。

要点是中前锋接球前的动作。如果只是呆站在原地不动，当球突然传来时很难快速应对。所以两名中前锋要把握好彼此之间的距离，把握好自己和防守方中后卫之间的距离。要设法拉大防守方中后卫之间的距离，在他们之间制造空当，这点很重要。两名中前锋可以配合起来，尝试交叉8字形跑动等。

根据球队的水平，调整场上设定

后方球员将球准确传给前场球员后，为了继续支援前方，应迅速参与到接下来的进攻中去。练习时要设定好场地中央和边路双方各布置几人等条件。双方各区域各设几人由教练结合球队的水平决定。

采用单个中前锋配置的队伍可以布置中前锋和进攻型中场纵向排列等更接近于实战的设定。先明确训练的目标，然后基于这个目标创造一些独创性的训练方法也很重要。

高位策应的训练方法②

抢断

场地一边设置为六对六，另一边设为中前锋对中后卫的二对二。教练将球发给六对六这一侧的进攻方（白），若防守方（黑）成功抢断，则迅速传给前方的中前锋。刚开始练习时，对这个传球的要求是只要不越位就好。球传到中前锋脚下后，对场上的支援条件做出调整。可以比如两侧边路设定区域中允许防守方、进攻方各加入一个人等。

！要点

两名中前锋要做好准备，时刻准备接球。有效地和前来支援的队友配合攻门。

187

控球打法的思路和基础

如果比赛中能够提高己方控球率的话，比赛就会对己方有利。因此，战术就是提高控球率。关键是保持两条以上的传球路径，这说起来容易，做起来难。

在比赛中掌握主导权，胜利的概率会增大

控球率，就是整场比赛中球控制在己方球员脚下的时间比例。这个数字越大，说明己方球员控球的时间越长，也就是说，己方球员占据着场上的主动权。说得极端一点，己方球员控球的时候，对方球员就没有机会射门。如果己方能达到百分之百的控球率，那就绝对不会丢分。球队的控球率越高越占优势。

带球的时候，只靠一记纵向传球是不太可能有射门机会的。当然偶尔也会有这种得分机会，但单凭一记纵向传球是难以突破对方的。这时需要球员一边带球，一边前后左右长传短传，寻找得分机会。这就好比拳击比赛中用刺拳来试探、动摇对方。连续传球不是目的，但为了得分，一定要保持控球。

用高质量的传球让对方摸不着头脑

己方球员持续传球的话并不会累，而对方球员会疲于抢球。防守的基础是首先搞清谁会是尝试射门的第一后卫。进攻方如果能进行高质量传球，防守方就会弄不清谁是第一后卫。

但球员水平不高的话，就不能高质量地控球。教练应该了解球员们的能力，再对症下药，决定采用哪种战术。

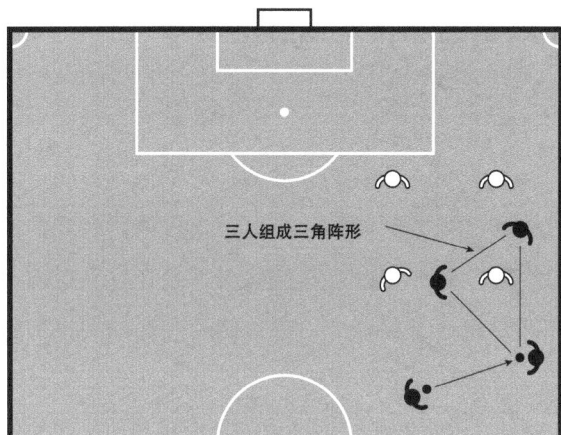

三人组成一个三角形，这是基础

不能准确传球的话，就不能提高控球率。为了准确地传球，在控球队员周围，应当有两名球员迅速地进行支援，构建传球路径。两人前去支援控球队员的话，就会组成一个三角形，传球路径就有两条。构建多条传球路径是十分重要的。

三人组成三角阵形

另一名球员从远处加入三角形

组成三角形会有两条传球路径，可是如果三人间的距离太近的话，对方球员会判断他们只能进行近距离的传球。交替使用长、短距离传球的话，对方就会摸不着头脑，无法判断进攻方下一步会把球传到哪里。在三角形之外，再安排一名球员接应，构建起多条传球路径，效果会更好。

一人位于距三角阵形较远位置

▌三角传球，确保传球路径▐

　　传球的基础是先组成一个三角形。两名球员去支援控球的队员，三人形成三角形这样就有两个传球路径。控球队员传球给两名球员中的任意一人之后，再来两个人组成新的三角形，支援新的控球者。足球运动中，这是基础中的基础。因此建议从孩提时期就让球员进行此种练习，让身体有本能反应。

如何有效实施控球打法

为了保持高控球率，球员在有意识地构建传球路径的同时，还要巧妙地控制好球员之间的距离。如果行动过于随性，传球路径和球员间的距离就无法保证，这一点需要格外注意。

不该动的球员就保持不动

构建传球路径的时候，球员需要考虑和队友之间的位置关系。距离太近的话，对手很容易防守。支援的球员和控球球员的距离，支援的两名球员之间的距离，对手和己方其他队员都处在什么位置，大家都要在脑子里有个印象，然后判断如何接传球才能形成最佳路径。

另外，虽然说足球这项运动需要球员机动灵活，但如果行动过于随性，就无法形成传球三角形。控球的要点就是不该动的球员就在自己的防守位置上保持不动，支援的球员根据情况对传球路径进行微调即可。

控球时要多尝试纵向传球

喜欢控球打法的球队有一个共性，就是普遍喜欢横向传球和向后传球，纵向传球的次数很少。制造纵向传球的机会十分重要，球员要在控球时时刻准备制造这样的机会。一旦对方防守出现空当，就马上以一记纵向传球一决胜负，这是最好的。足球理论中有一条秘诀是尽快纵向进攻。

是否偏好纵向传球是日本球队和其他国家球队的一大区别。大家今后应当更加积极地进行纵向传球。

被包夹时先暂时回撤，再向前传球

争抢球的时候，若不抓住机会纵向传球，就不好得分。但是，对手也在时刻提防纵向传球。不好制造纵向传球机会的时候，先暂时回撤，再寻找机会。对方边路防守失败时，就会出现纵传的好机会，必要的时候，可以冒一定的风险强行纵向传球。边路一记远传会让防守方很头痛。

回撤时若横向传球，就会错失良机

带球队员被逼到边路，纵向的出路被封死，这时后撤并马上进行传球换边是不对的。因为控球是为了球不被抢，不是为了将球横传或者后传。若是如小鸡逃跑般，进攻方马上就会陷入对方的防守圈，球也会马上被抢断。

检查要点

和日本球队不同，欧美球队更喜欢纵向传球

日本球队的控球队员在边路被堵，不得不回撤的时候，为了传球换边，往往会将球横向传出去。这样一来，进攻方会陷入对方的防守圈，球也会马上被对方抢断。

高水平球队的控球队员在边路被人包夹时，前后方支援的球员会迅速行动，构建新的传球路径。暂时回撤的控球队员会抓住机会踢出一记巧妙的纵向传球。相对于日本球队的"先横传缓冲"的做法，高水平球队更倾向于纵向长传。迅速进行纵向进攻是很有效的。

控球打法的例子（一）

下面介绍借助中后卫的传球实施控球打法的例子。要点是控球队员周围的队友不断活动，构建传球路径，从外到内，从内到外，不断传球。

从内到外，从外到内，让传球千变万化

对方防守森严的时候，可从最后方传球发起进攻。中后卫横向有左右两个传球路径，可将球传给边后卫。边后卫随后进行纵向传球是最理想的，可是对方必然会盯得很紧。这时就不能拘泥于纵向传球。暂且把球传给前来支援的中场球员是个不错的选择。

球在场上移动的时候，人也会跟着动。场上形势时刻发生变化，新的传球路径、新的活动空间也随之产生。球从边线传给中场球员后，如果从后场再来一位中场球员支援的话，后面传球的选择就会增多。也就是说，控球要保持连贯，传球要千变万化，边传球边等待进攻的机会。寻找可以纵向传球得分的机会。传球不能采用单调的节奏，应当有急有缓，让对方疲于应付。

每个队员都动起来的话，传球路径就会增多

中场球员去支援右边后卫时，中场位置就会空出来。如果再来一位队员填补这个位置，就能高效利用起这个空间。每位队员都动起来的话，空间利用就会变得灵活。在刚才的例子中，右边后卫传球给中场球员，如果有机会的话也可以略过右边后卫，直接传给跑动的左边后卫。

控球打法的例子①

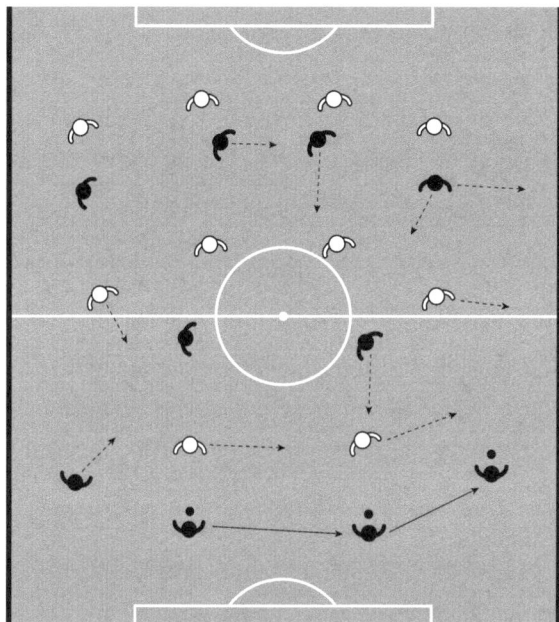

中后卫控球。他可以选择直接纵向传球，但前面的队友被对方盯得很紧，无法轻易纵向传球。这时候中后卫可以选择横向传球，把球传给旁边的中后卫，然后再把球传给右边后卫。从边路发起进攻是进攻方的基本思路，但是防守方肯定会跟紧边路。攻防中小小的失误就能左右成败。

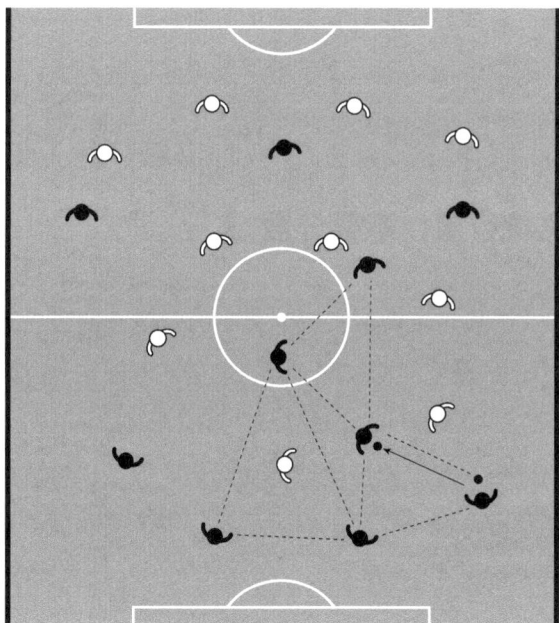

控球的右边后卫的纵向传球路径被封死。但是，由于中后卫和右中场球员前来支援，可以横传或后传。右边后卫传给右中场球员的话，前锋和左中场球员可以前来支援。这样一来，两个中场球员和前锋就构成了新的三角形。控球就在这样的节奏中配合着球的运动，队员们也不断运动，不断构建传球路径。

！要点

想要进球的话，纵向传球是必不可少的。一边传球一边寻找机会，感到时机到来的时候，马上积极地付诸行动。

控球打法的例子②

这节介绍一种提高控球率的技巧。控球队员隔过一名队员，将球传给远处的队员，然后中间的这位球员再前去支援。这是用于摆脱防守的一种传球技巧。

这节介绍的技巧是面对对方的最后防线做一个假动作，然后一脚纵传，把球传到最前方。中后卫和边后卫面对对方的最后防线进行传球时，对方球员从高位压下来的话另当别论，一般情况下只要按部就班、不急不躁地传球就行了。传球的时候掌握速度变化是非常重要的，不慌不忙地进行横向传球时，若觉得机会来了，应该迅速进行纵向传球。

这时候可以隔过一名中场球员，由中后卫直接传球给前锋。这时所有的队友都应加快速度给予支持，因为在前方控球的前锋会马上被对手盯死。前锋要小心不要马上丢球，运球一两下之后可以赶快把球传给前来支援的队友。面对前锋的回传，接应的球员身体最好面对着来球的方向。因为这是前锋给予的难得的纵传，应带着"要进球"的心情，向对方的球门发起进攻。

见机行事，不要分散

这个技巧里面最关键的是，面对对方的最后防线进行传球时，中场和前场的球员不能停下，应时刻做好接球的准备。足球赛场上经常出现"moving"这个指令，意思就是让球员动起来。但是，球员也不能移动得过于分散。应当相机行事，采取最符合当时情况需要的行动。

控球打法的例子②

右边后卫将球短传给中后卫①。中后卫观察前方，发现前锋已经做好了接球的准备。这时候中后卫迅速将球纵向传给前锋②。由于前锋控球位置靠前，会被对方中后卫盯死，队友要马上前去支援，接应前锋的回传③。接球的中场球员之前被隔过去一次，接下来可以发起进攻。像这样出其不意的传球是突破对方防线的关键。

！要点

面对敌人最终防线的时候，传球可以慢慢来，但向前场纵传的时候速度一定要快！注意传球的缓急变化！

控球打法的训练方法（一）

提高控球率最有效的方法就是进行简单的传球练习。在这个例子中，球员将分成两队练习，一队在外侧传球，另一队在内侧抢断。希望球员们能重视这一训练方法。

通过刻苦的训练，掌握基本技巧

在足球比赛中，想要提高控球率，就要准确地传球。下页上图展示的就是锻炼传球能力的训练方法：外侧队伍持续传球，内侧队伍尝试断球。人数设定为五对二，也可以视情况设定为六对二或者六对三。说到底训练是为了提高球员的传球能力，外侧队伍占优比较有利于展开训练。

这是日本读卖俱乐部经常进行的一种练习，看起来很简单，其实内含深意。外侧队伍球员传球水平很高的话，内侧球员就不好抢到球。外侧队伍灵活利用内线和外线，通过一两次触球，快速传球的话，内侧队伍就很难有断球的机会。虽然内侧球员比较辛苦，但这一方法确实能大大提高外侧球员的控球能力。

慢慢增加人数，升级训练内容

下页下图展示的是升级版的训练方法，南美球队大多使用这种方法。外侧的九名球员不断传球，目标是踢中场地中间的圆锥。内侧的三名球员一边守好圆锥，一边断球。不断增加外侧球员的人数，可以尝试采用十二对三的方式训练。

随着外侧球员人数的增加，内侧的三名球员会优先守好圆锥，可能不会主动去断球。这种情况下，引出防守对方，让中场空出来，再踢中圆锥，就成了外侧球员的主要任务。

控球打法的训练方法① A（五对二）

五对二的传球。外侧球员传球，内
侧球员断球。外侧可以自由传球，
连续传 20 次就算得一分。内侧球
员若抢到球，就和被断球的球员交
换位置。外侧球员若从内侧两名球
员之间传球成功，内侧球员要被罚
一记点球。所以需要两名内侧球员
协同配合好。

！要点

若训练范围过大，外侧球员就
会很有利，所以要注意训练场
地不要过大。内侧球员也不要
分开移动，要协同配合。

控球打法的训练方法① B（九对三）

这是南美球队常使用的方法。外侧
球员一边传球，一边瞄准中间的圆
锥（相当于球门），寻找射门机会。
内侧球员一边守好圆锥，一边尝试
断球。内侧球员若断球成功，被断
球的球员和其左右两名球员就进入
内侧和断球者交换位置。巴塞罗那
俱乐部就采用类似的训练方法，在
五对三的场地中间安排一名球员，
由这名球员进行传球。

！要点

如何打破内侧三名球员的协防
是核心问题。要么搞假动作迷
惑对方，要么瞬间加快传球速
度打对方一个措手不及等，要
注重传球的速度变化。

控球打法的训练方法②

这节介绍的练习方法是：重新将训练场地设定在狭小的空间里，两边队伍以相同的人数进行小比赛。在场地里面设置两个球门，双方球员要穿过球门进行传球。

双方人数相同，学习摆脱防守的方法

在狭小的空间内进行七对七（外加两名自由人）的小比赛，要求队员们快速判断比赛状况，采取正确的战术。球员的目标不是射门，而是力争能够穿过球门，把球传给队友。由于双方人数相同，所以每一名球员都有人防守。为了能顺利地接到球，无球跑动的能力至关重要。大家要学会如何摆脱对方的防守。另外，有时也可以观察队友的动作，自己保持不动，或做假动作，制造传球的空间等。

连续传球的时候，要记住节奏不能太单调。假设 A、B、C 三名球员站在一起，不要总按照 A→B→C 的路径传球，要多尝试 A→C→B 这样的传球路径。对方盯得紧的时候，这种多变的传球路径会非常有效。球员 B 虽然被隔了过去，但可以马上接受队友的回传，以此让对方球员摸不着头脑。

还有，时刻不要忘了构建传球三角形。可以近距离构建，也可以在稍微远一些的距离构建，让对方球员应接不暇。一边让三角阵形的大小不断伸缩变化，一边接近球门，这是最理想的状况。

身边若无对方球员，就尝试运球发起进攻

这里需要阐明一点，球员带球时，若身边没有对方球员，也可以积极运球。在己方控球的时候穿插几次运球，效果更好。

控球打法的训练方法②

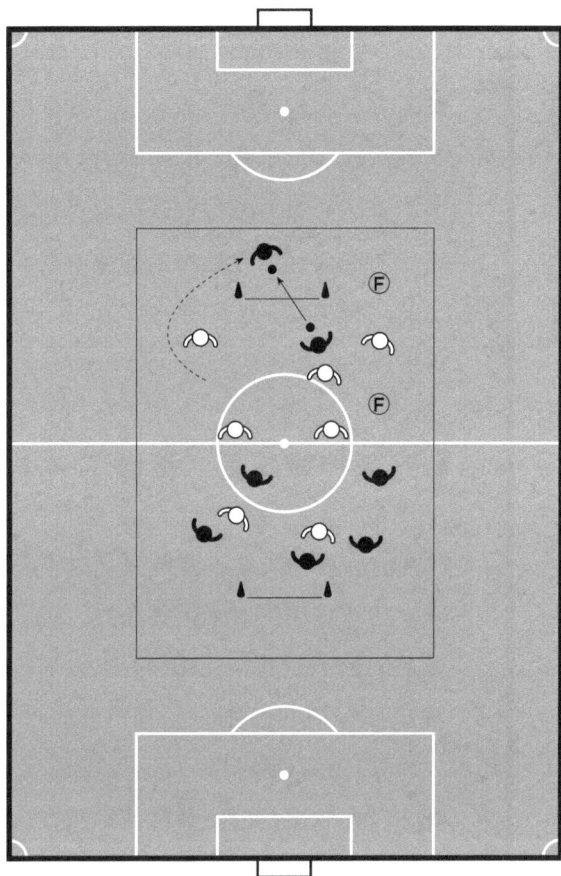

七对七（外加两名自由人）的自由攻防中，用两个圆锥构建起一个目标（球门）。双方球员的目标都是这个球门，由于场地有限，球员密集，如何让传球连贯起来就显得至关重要。在激烈的攻防转换的过程中，球员要时刻关注对方球员的控球。任何一方穿过球门传球成功，都得一分，连续传球 10 次也得一分。

！要点

尽早去支援控球队员很关键，但也要注意学习自由移动的技巧和为队友创造空间的方法。

移动防线的思路和基本要领

将后防线前移或后推的战术，叫作移动防线。有时后防线上的队员会全员协同联动，有时只有一个人在后防线上。控制防线的目的不是为了让对方越位。

为了避开对方球员，使防线前后移动

对方球员控球的时候，整个队伍的防线向前压。若对方球员远距离传球的话，就把防线后撤，加强防守。这时，后防线盯紧对方的进攻前场，灵活进退，若能让对方越位就积极地付诸行动。像这样，将后防线前移或者后推的作战方法，既可由后防线上的几名球员一起完成，也可以由一名球员来完成。这种战术叫作移动防线。

盯紧控球球员，再做下一个动作

前后移动防线，要最好趁球不在对方脚下的时候。趁球移动的时候前移防线，可以限制对方接球球员的施展空间和传球路径。同时，为了不越位，对方前场球员会回撤，远离己方的球门。

对方控球期间我们也可以观察控球球员的体态，以此做出判断，灵活控制防线。比如看他是左撇子还是右撇子，身体的朝向、角度，就可以大体判断出他下一步会朝哪个方向传球。不同球员的能力不同，即使体态差不多，有人能把球传出来，而有的人就不能。若判断该球员无法传球，可以马上前移防线。

判断稍有失误，就会增加丢分的可能

但是，前移防线意味着后场空间增大。若不能对传球球员的能力、后场球员的速度做出准确判断

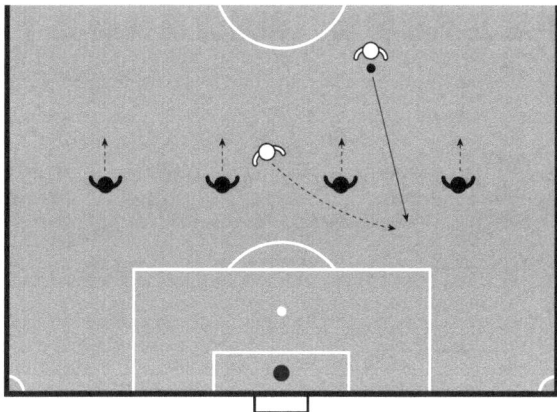

从内线到外线的前锋容易越位

不管什么时候，后防线都要拧成一股绳。对方前锋想从中央到外侧突破的话，很容易给他造越位。即使没能让他越位，也有足够的时间应对。若对方球员要对角传球，只要在球门前化解危机就行了。要紧紧压制住试图突破内线的球员。

对方往中场附近传球不好造越位

若对方传球给正往球门跑动的球员，有把握时，才可造越位，若没有把握，就紧紧盯住他。从防守方的角度来看，要绝对避免距离球门最近的位置被对方突破。中后卫自不必说，边后卫也要时刻关注中场的动向。

的话，有可能造成致命的失误。

　　2013 年 8 月 14 日，日本国家队对乌拉圭国家队的这场比赛就是最典型的例子。

　　日本国家队的后防线控制得很靠前，这时乌拉圭队后防线踢出一记长距离传球。当时传球球员身体姿态不是很好，从他身体的角度来看不可能踢出长传。但是他做到了。日本队后防线上顿时乱了阵脚，最后痛失一分。希望球员们能牢记这一战术的危险性。

如何有效移动防线

控制防线时，最重要的是一边和前锋周旋，一边注意不让对方球员绕后。将防线前压的目的是让对方球员远离球门，但是危险的时候也要后撤防线。

中后卫不断移动，和对方前锋周旋

面对对方的传球，中后卫若留在一个位置上进行防守，会十分危险。因为对方前锋会一边和己方中后卫周旋，一边寻找绕后的机会。因此，中后卫不能和对方前锋并排站位。对方前锋会在看似越位实非越位的时候向球门发起冲击。哪怕他失败很多次，只要有一次成功了，就会得分。

与此相对，防守方只要出现一次失误，就会造成致命伤。防守方不能冒这种风险。高水平的防守球员会不断移动，以此牵制前锋。足球比赛中，球员的脚和脑是一刻也不能放松的。即使对方球员没有控球，也要和他不断周旋。

防线前压的时候，一定要盯紧球

防守方要时刻有规避风险的意识，不断重复"对方球员后传→防线前压→对方球员进行下一个传球→防线后撤"的过程。一直前压防线或者一直后撤防线都是不正确的。理想的状态是根据场上形势，不断前压或后撤防线，保持防守平衡。

另外，前压防线的时候，整个球队都要前压。这样一来，对方球员的施展空间就会大大减小。另外，一定要盯紧球。由于防线前压，控球队员无计可施。趁他还不知道下一步怎么办的时候，可以突然袭击把球抢过来。

趁球滚动的时候前压

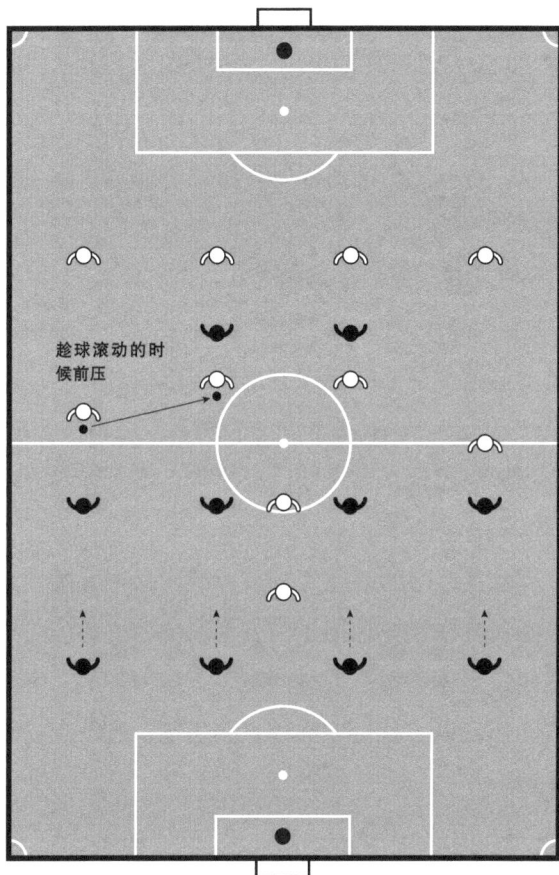

看准对方球员横传或者后传的时机

前压防线的最好时机是球还在滚动的时候，特别是对方球员马上要横传或者后传的时候。趁球还在滚动，己方迅速前压防线，让对方球员远离球门。之后即使对方纵向长传至后防线后方，也有很大概率会越位。防守球员之间距离大很危险，要缩小间距，养成迅速前压防线的习惯。

！要点

不光要观察对方的前场，同时要观察其第二排的动向。若对方纵向传球后直奔球门，要马上严防死守。

检查要点

优先规避风险，危险的时候要后撤防线

防线控制绝不是万能良策。由于球门前有一定的空间，若不小心让对方中场球员溜了进来，就只能由守门员一对一来防守了。防守方最基本的任务是规避风险。如果感到情况不妙，哪怕是一点点不安，也要马上后撤防线。要综合考虑球的动向以及带球球员的体态，以及前场和中场球员的动向等。如果感到没问题再前压防线。要趁球移动的时候前压防线。因为球移动的时候，肯定不会有传球。

移动防线的例子

这节介绍后防线前压的时机。对方要横传或后传时，是前压防线的最好时机。需要特别注意的是，全体球员应协同作战，一起行动。

▌前压防线时，全体球员应协同一致 ▌

前压防线的时候，若有球员动作慢半拍，将十分危险。对方后传的时候，后防线上的球员应当和中场球员一起前压。假设这个时候左边后卫开了小差，落在中锋的身后很远的地方。

这样一来，对方球员接到后传之后，己方中场球员会迅速上前断球，但会被马上甩掉。对方接着踢出一记纵传。这时，由于己方左边后卫还留在后方，对方不形成越位，己方守门员不得已陷入和对方球员一对一的境地。

若球在边路的话还好一点，请注意千万不能轻易放任对方在己方球门正前方为所欲为。前压防线的时候，全体球员必须协同配合，统一作战。个别球员动作一慢，就可能导致直接失球，这一点一定要注意。

▌若有球员进行指挥，则行动更有计划性 ▌

若有球员指挥防线移动，上述情况便可以避免。这名球员应纵观全局，发现时机，然后迅速发出前压的指令，这样一来防线控制就会更有组织性。日本国家队的中后卫吉田麻也就承担着这项工作。他和同为中后卫的今野泰幸配合不错，经常把最后防线压得很靠前。当然，由于后场空间很大，有时候对方一记长传，也会使日本队陷入困难的境地。

移动防线的例子

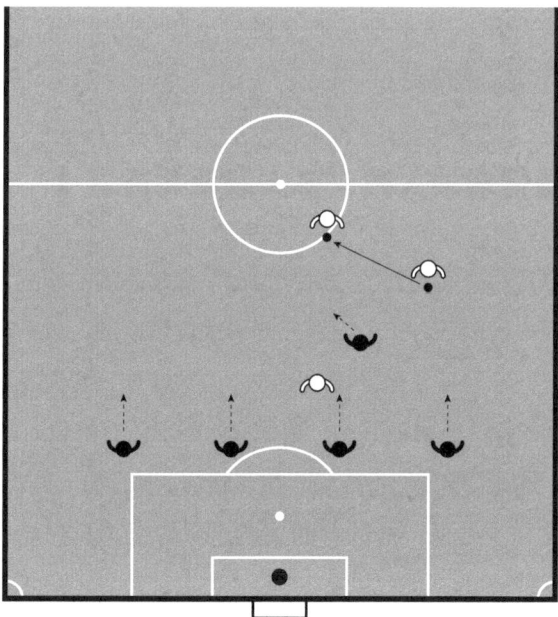

后防线不应有空隙，最好能连成一条线。中后卫和中锋不要并排站在一起。若并排站一起，对方把球传到后场，己方可能由于跑动速度慢，输给对方。此外要仔细观察控球球员。如左图，若控球队员是右撇子，中场球员打乱了其传球路径，他便不能传球。若他是左撇子，那么他接下来肯定会以中后卫和中锋之间的空当为突破口。

控球球员后传。此时己方全队球员应步调一致，前压防线。队员之间配合要流畅，若心有灵犀是最理想的，若不能做到默契配合，就让指挥防线控制的球员发出前压的指令。担任这一角色的球员，最好是纵观全局的中后卫。球员协同配合，中场球员前往干扰接球队员。前压防线的时候，记住一定要盯紧球。

！要点

有组织地控制防线，是中后卫和中锋周旋，以及特殊情况下一对一的胜负关键。

移动防线的训练方法（一）

这里介绍一对一情况下移动防线的训练方法，球员在一对一的情况下找到感觉了，再逐渐扩大到两人或者三人协同配合，一起控制防线。

开始时一名球员边活动边找控制防线的感觉

先让球员一对一训练，找控制防线的感觉。后期人数增加，但仍需要和对手进行一对一的周旋，所以在初期阶段，希望球员们重视一对一的训练。

中后卫在防守对方中锋的时候，要注意观察传球球员的特征和体态。他擅长用哪只脚，会在什么时候传球，都要注意。知道这些就能做出"现在他还不会传球"的判断，能轻松盯住中锋。

另外，中锋位置若很靠前，明显是要越位，己方球员不必后撤防线，保持高位防守就可以。身经百战的中后卫有时候会故意引诱试图突破的中锋，在他想要传球的一瞬间，马上前压防线。但这需要中后卫有非常高超的技术，否则难以判断对方球员是不是真的会越位。防守方最好选择比较稳妥的踢法。

慢慢增加人数，多人联动共进退

若球员们找到了一对一情况下控制防线的感觉，接下来就以二对二、三对三的形式慢慢增加人数，让球员们学习多人配合移动防线。人数增加到两人、三人的时候，队员要联动，要注意防线不能有空当。

这时，球员们不能过于散漫自由，要心往一处想，劲儿往一处使，协同行动共进退。希望球员们能抓住这种感觉。

移动防线的训练方法①

在半场展开一对一的训练。另一个半场的球员负责传球，设定为二对一。进攻方有中场球员和中锋，防守方有中场球员和中后卫。传球的这个半场若进攻方的中场球员控球，则尝试纵向传球。防守方目标是不让进攻方纵向传球。接球的这个半场中，中后卫和中锋准备应对纵向传球。中锋并不是不动的，要前后左右移动，尝试突破中后卫的防守。习惯这种训练之后，可逐渐将球员增加到二对二、三对三。

！要点

比赛中防线出现空当是不可避免的，要有一旦形成空当，就迅速补上的意识。

移动防线的训练方法②

这节介绍训练前场球员紧逼对方试图断球，一边观察对方的动作，一边防线控制的方法。对方若进行纵向传球，有必要将防线后撤。

为保持高位防守，前场的防守至关重要

这个训练不光是对球员移动后防线的训练，也是抑制对方传球的训练。进攻方四人，防守方三人，在人数对防守方不利的情况下，训练防守方三人协同配合，对控球球员试压。防守方紧盯传球球员时，是不可能出现纵向传球的。也就是说，在此期间可以保持高位防守。但是如果控球球员摆脱防守纵向传球，防守方就必须马上后撤防线。若留一名前锋在前场，他可能与接下来的战术无关，不会构成越位。但为了应对对方球员换位，在传球的一瞬间还是马上后撤防线比较好。

全队要步调一致，后防线要默契配合

对方纵向传球的时候，在哪个时间点后撤防线效果比较好呢？为了让后防线的球员找到感觉，训练中可以让进攻方攻入防守方的后场。

在正式比赛中，后防线、中场、前场球员并不是各自为战，而是要考虑纵向的协同配合。有时会出现后防线后撤，中场前压，或者中场后撤，前场前压等步调不一致的情况，会给对方钻空子的空间。要尽量避免出现这种情况。

移动防线的训练方法②

仿照第 206 至第 207 页的例子，分别增加两个半场的人数。负责传球的半场进攻方四人，防守方三人；负责接球的半场进攻方和防守方各四人。负责接球的半场里，球员们要有意识地防线控制。没有传球的时候，要坚决地前压防线。传球的半场里，防守方盯紧控球球员的身后，就可以前压防线。进攻方的前锋为了不越位，不得不回撤。相反，如果进攻方传球成功，进攻要在传球的一瞬间后撤防线。防守方万事都要比进攻方领先一步。

！要点

前场的防守至关重要，盯紧控球球员，就能保持高位防守。全体球员向前压是很重要的。

209

编者的观点③
根据球员的个性，进行合适的指导

　　以前，智利青年队和东京绿茵俱乐部的青年队对阵时，曾发生过这样一件事。比赛时间还剩 5 分钟时，东京绿茵队 0 ：1 落后于对手。这时，场上的绿茵队球员们都不断瞥向教练席。他们在等教练的命令。接下来，教练做出"采用攻击性打法"的指示，场上球员马上改变了进攻模式，开始冒险实施进攻，并漂亮地扳回一分，最终 1 ：1 踢平了对手。

　　同时，智利青年队的教练也曾跳起来冲着场上大喊。赛后问他当时在下什么命令时，这位教练回答说："我当时在吼'别光顾着自己踢！至少听听我在说什么！'"

　　这是一个简单易懂的例子。日本球员实施战术时都严格遵守球队的纪律，但缺乏自行判断的能力。与此相对，南美球员比起遵守纪律，更善于自行判断。教练员在指挥时必须结合球员们的个性下达命令。

CHAPTER 4 第4章

定位球战术

防御角球的基本要领（人盯人）

人盯人防守是应对角球时常用的防御方法。己方有擅长头球的队员时效果更好。这种方法的优点是让对方无法自由完成进攻。要注意对方对己方球员的堵截。

▌应对定位球战术的两种防御方式 ▌

对进攻方来说，定位球是一个重要的攻门机会。如果有技术精湛的队员、个子高并擅长头球的队员，无论防守方如何防守，进攻方都可以顺利完成射门。接下来就是射门能否得分的问题了。

对此防守方有两种方法可用：人盯人防守和区域防守。人盯人防守就是一个防守方队员紧盯一个进攻方队员，球门前攻防双方的人数是相同的。这种方法对防守方来说不是很稳妥。因为防守的基本要领就是努力形成人数优势，应对定位球战术时也应如此。因此使用人盯人防守战术时，应比进攻方多部署 3~4 个人。

▌在近端将球踢出，部署"自由人" ▌

在不盯防进攻方的队员中，有一个人的角色叫作"自由人"，他部署在足球最有可能经过的近端。他的职责是在近端将飞过来的球破坏出去。这个位置应该交给身材高大的前锋等善于头球的队员。

为什么自由人应该交给前锋担任？虽然一般来说中后卫更擅长头球，但此时中后卫要在球门前盯防进攻队员。此外，还要在近端和远端门柱部署队员（远端门柱是否部署人员因球队而异）。但通常都会在近端部署人员应对进攻方的战术角球。

角球时的人盯人防守

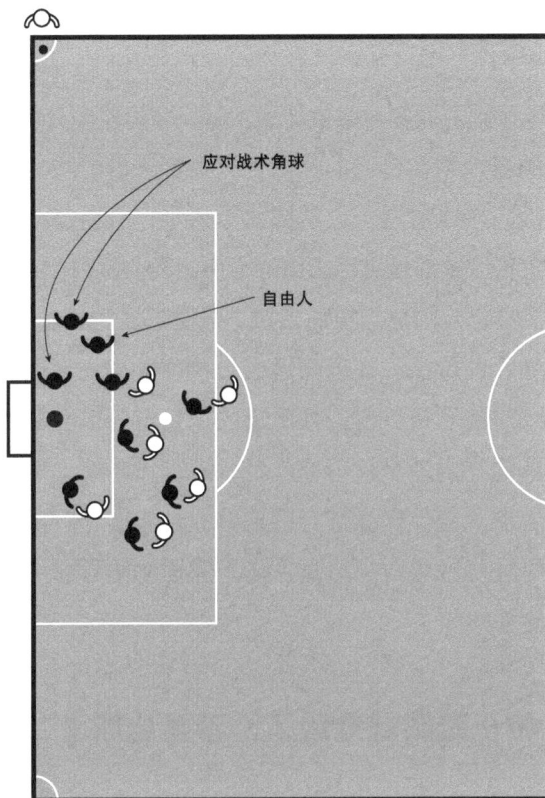

应对战术角球

自由人

在球门前比进攻方多部署 3~4 个人。在近端一定要部署不盯防任何人的自由人。自由人要尽量不动，并且务必要清掉不超过头部高度的低飞球。此外，遇到进攻方战术角球时，在近端门柱要部署两人。其中一人保护近端门柱。若要更加稳妥地避免被进球，就在远端门柱也部署一人。

！要点

遭遇进攻方战术角球时，最前方的球员和近端门柱旁的球员可以冲出去，但是自由人绝对不能动！

在门前盯防的球员要避免跟丢目标

人盯人防守的优点在于即使遇上擅长头球、善于过人的对手，也可以有效阻挠对方，让对方不能随心所欲地开出临门一脚。只要球员盯紧各自盯防的对手，对手就无法在禁区随心所欲。

但是进攻方也会斟酌自己的战术。比如，比较常见的做法是，最初以密集阵形将防守球员吸引到一处，接下来，不是全体奔向对方球门，而是留几名球员阻挡防守方的跑动。这样一来，防守方的行动被拖延，只能跟在进攻方后面跑。盯防的缺陷就在于容易出现跟丢目标的情况。

防御角球的基本要领（区域防守）

防御角球也可以用区域防守的方式。用这种防守方式，每个球员都有明确的防守区域，但是当球来到防守区域的交界处附近，球员应对很困难。

拿出勇气和责任感，保住自己的防守区域

以区域防守应对定位球战术时，球门前会有 7~8 人等间隔地站在自己的位置上，负责各自的防守区域。因为一边后退一边解围比较困难，所以每个球员的负责区域都是自己正面的力所能及的范围。

在最危险的球门正面区域，需要部署擅长头球、善于缠斗的球员，在近端远端门柱可以布置不那么善于此道的队员。但门柱附近的球员有时也会参与包括头球在内的激烈争夺。定位球是在密集人群中伴随着激烈身体碰撞进行的肉搏战。胆怯、犹豫不决都可能导致失败。球员在场上应该拿出自己的勇气和责任感来。

互相干瞪眼就危险了，不要让球

执行区域防守时，因为进攻方是助跑来攻，只要防守球员动作稍有迟疑，就可能被对方加以利用、突破。如果防守方球员站在原地防守，除非非常善于头球，否则很可能被对方突破。所以开始时防守方各球员的站位应相对于球门略微靠后，并做好跑动的准备。此外要注意绝对不要互相让球。如果判断这个球应该由自己处理，那就毫不犹豫迅速上前，并发声告知队友。

角球时，为了避免被进攻方一记快球突破近端门柱，即使采用区域防守，也要部署一名自由人。

角球的区域防守

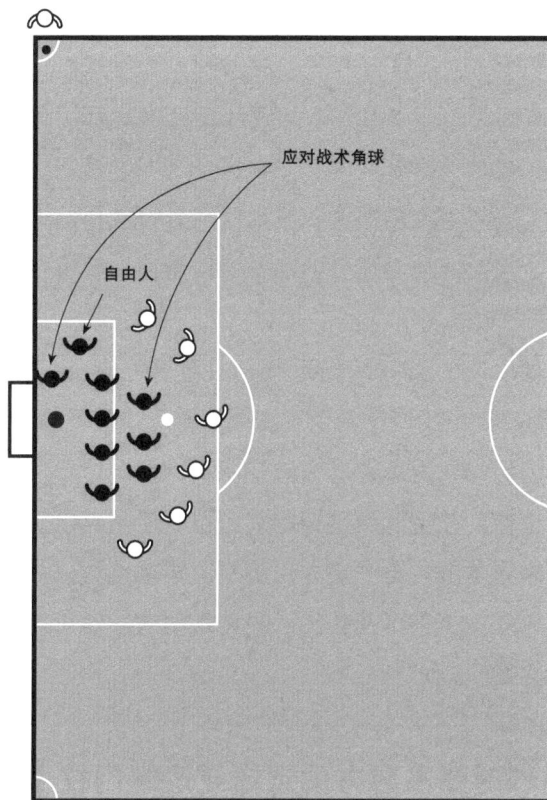

应对战术角球

自由人

防守方决定要布置的人数，并将球员布置在门前，各球员负责自己的防守区域。基本上是负责各自面前力所能及的范围内的球。后方的球交给后方的队员处理。在近端门柱附近部署一名擅长空战的"自由人"，这一点和人盯人防守时的布置相同。在近端门柱的位置还要布置一人，视情况决定是否要在远端门柱也布置人员。当进攻方使用战术角球时，近端门柱的球员和球门前第二排最靠前的球员上前应对。自由人绝对不能动。

！要点

部署在近端、远端门柱的球员不擅长头球亦可。当然，该争的时候仍然要努力争球。

▌尽可能贴上去破坏对方身体平衡 ▌

因为每个球员的防守区域是确定的，因此只要不出现判断失误，来球时是比较容易应对的。人盯人防守时若发生换人的情况，球员可能不清楚该谁来盯防。而区域防守则没有这个问题，防守球员只需要像平时练习时那样防守即可。

但如果进攻方快速将球踢向防守区域的交界处，则不易应对。进攻方瞄准防守区域交界踢出一记快球，再迅速助跑完成突破，就能自由地射门了。这时防守方应当尽可能贴上去，破坏对方身体平衡。

角球进攻的基本要领

对进攻方来说，角球是非常好的得分机会。踢角球的球员应当送出准确的一球，不管是踢向近端门柱还是远端门柱，要点在于应该瞄准对方守门员难以顾及的地方。

迅速跑向近端门柱，力争比对方抢先触球

请回想一下 2011 年女足世界杯的决赛。日本队闯入决赛，对阵美国队。在己方 1 : 2 落后，加时赛又即将结束的关头，日本队利用一次角球追平比分。当时泽穗希得分的那一球，稳稳地射进了她瞄准的区域。

发角球的官间绫向近端门柱送出一记低飞快球，跑动到位的泽穗希用右脚外侧将球送进了球门。虽然近端门柱附近有对方防守队员，但向这个位置送出快球，其他队员迅速跑动到位，还是可以先于对方拿到球的。不一定非用脚踢，头球也可以。要让对方守门员来不及扑出。泽穗希的这一球可以当作经典案例。

角球时瞄准对方的近端或远端门柱

踢出守门员无法扑救的球，是角球发球员的基本功。通常门将都防着近端门柱，因此如果球飞向远端门柱，门将就不得不随着球移动自己的目光和身体，反应速度会变慢。不要踢出软绵绵的球，将一记快球踢向远端门柱，可以让对方门将来不及反应。无论是瞄准近门柱还是远门柱踢出角球，如果不能把球踢到自己想要的落点，那就没有意义了。

虽然看上去是理所当然的事情，但是最好还是在球队中选择脚法较好的球员专门负责踢角球。

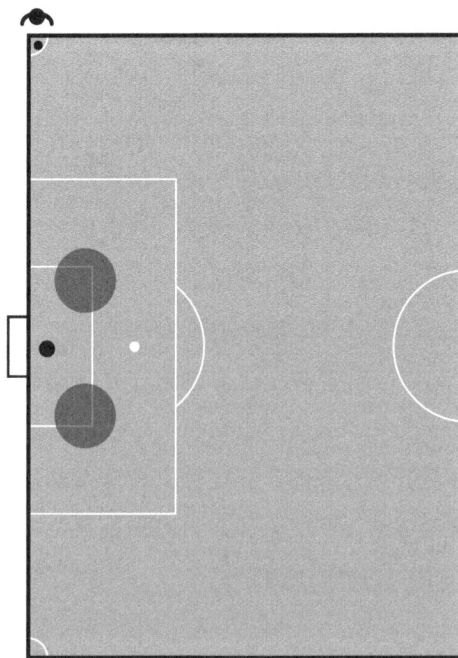

对方门将难以顾及的区域

如果送向门前的球被门将拦截，就会浪费来之不易的机会。还可能会遭遇对方的迅速反攻而陷入困境。因此，角球发球员应当瞄准门将难以扑救的地方。一个是近端门柱附近，可将球送到自由人背后。另一个是远端门柱，迫使对方门将转身应对，降低对方的反应速度。

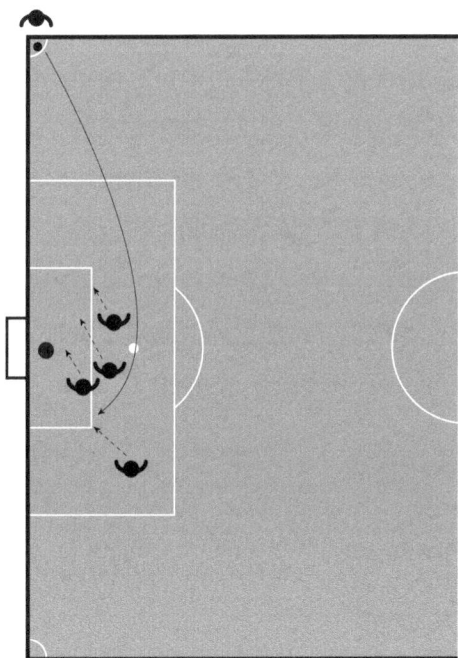

装作瞄准近端门柱 实际送向远端

这是一种突向对方身后的套路。若禁区有四名己方球员，其中三人在角球发球者助跑时一起跑向近端门柱。对方会专注于近端门柱的防守，而实际上己方的目标在远端门柱，留在后方的一名球员此时可以自由射门了。还有一种方法是跑向远端门柱的那名球员一开始站在最前面，当另外三名球员奔向近端门柱时，再迅速跑向远端门柱。

角球进攻的套路①

这里介绍的暗号进攻是一种以战术角球开始的套路。要点在于通过回传诱使对方后卫上前，之后将球传入对方防线后方，完成突破。

战术角球时迅速开球有奇效

进攻方应多准备几套暗号进攻的战术，使己方在角球时的战术富于变化，这样更容易在进攻中取得成果。若己方有擅长头球的队员，就直接将球送到球门区指望他得分，但这种愿望不容易实现。因为对方肯定会在球门前部署身体强壮的球员。

战术角球可以有多种变化。趁防守方阵形尚未成型时迅速开出去，可让己方球员在球门前摆脱对方盯防。如果防守方阵形已经成型，角球发球员要和球门前的球员配合，努力让对方以为这是一个普通的角球，而不是战术角球。

角球发球员要想好发什么样的球

战术角球的优点在于可以迫使对方跑动。将球送向罚球区外侧的角落，可以把防守方布置在近端门柱附近的队员引出来。之后做出瞄准远端门柱的姿态，吸引对方注意。当防守方慌忙压上来，这次瞄准球门前出现的空当。这种突破对方后防的战术角球，只要传球准确并迅速，同时注意避免越位，很容易使球员摆脱对方防守，完成射门。

角球进攻的套路①

最初近端门柱位置双方都没有人，在角球发球员助跑的时候，进攻方的球员从后方跑向罚球区的这个位置。防守方也会急忙冲出来应对。进攻方可以在这个位置射门或者传中。此时防守方的注意力集中在近端和球门前。进攻方之后继续向防守方后方突破，将球送向罚球区深处（势头够猛的话可以踢出一记直塞球）。开始时站在远端的进攻方球员离开自己的位置，接过这一球。

当球被送到远处的罚球区外侧时，防守方会全线压上。胜负取决于对时机的把握。控球队员做出射门的姿态，实际上传出一个短传，越过密集的球员们的头顶。最初站在近端罚球区角落的进攻方球员向内跑动接过这一球。注意要盯着防守方球员的位置，避免越位。

！要点

即使已经确定暗号进攻的战术，也可以根据场上瞬息万变的情况临时做出调整，改变战术。总之目标是得分。

219

角球进攻的套路②

接下来介绍的暗号进攻也是以战术角球开始的套路。这一战术要求角球发球员接过回传，目标是让第三名球员突破到对方近端的空当。

用复杂的连续传球引开对方视线

战术角球时要注意发球者直接接过回传容易形成越位，因为发球者可能来不及离开越位区。发球者发出角球后应迅速向中线方向跑动，确保自己处在非越位位置上。

球门前的队员不要随意向内跑动，要耐心等待时机。在角球发球者接到回传后，远端外侧的球员长距离跑动，经过门将面前，向近端移动。之后角球发球者给他传球。如果时机把握得好，传球的质量够好，他可以趁对方门将反应不及，直接得分。

如果对方盯防很紧，难以摆脱，就从近端后传，用一系列的 z 字形的复杂传球迷惑对方，让对方丢失跟防目标。

如果对方采用区域防守 就迫使对方长距离跑动

区域防守不擅长应对复杂的战术角球。若在对方防守区域交界处准确短传，瞄准对方的空当，迫使对方长距离跑动等，对方会很难应对己方的定位球战术。复杂的战术角球适合用来对付区域防守严密的对手。

角球进攻的套路②

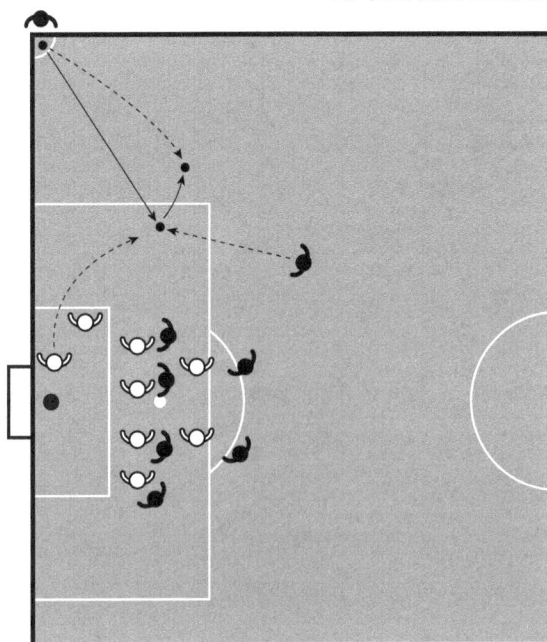

配合角球发球员的助跑，进攻方后方一名队员跑向近端罚球区内侧。门柱附近的防守方球员急忙上前补位，之前接到传球的球员再将球传给跑动到非越位位置的发球员。要注意，如果发球员动作过慢，或者罚球区内的队员回传过早，都会造成发球员越位。

角球发球员接到回传后，传出球的队员纵向跑动，做出要球的姿态。如果对方上来跟防，近端门柱附近会出现一个空当。控球队员如果此时有机会射门就射门。如果无法射门，远端可再来一人接应，他接球进一步将防守方球员吸引过来。之后，他再向后方无人盯防的队友传出一记精确的回传即可。

！要点

从远端外侧跑动过来的球员会经过门将面前，传给他的球如果能成功穿越防守方防线，他有可能在这一环节就得分。

221

角球进攻的套路③

这节介绍的暗号进攻战术是阻挡防守方在球门前的队员，使己方队员摆脱防守方纠缠，自由射门。向前跑动的己方队员要努力给防守方留下要自行射门的印象。

不断改变目标，让防守方无所适从

一场比赛中多的时候会有十几个角球，如果每次角球都瞄准同一个地方，球员在球门前的跑动也都是一个套路，防守方很容易防守。即使不使用战术角球，也应不断改变角球的目标，干扰防守方的防守。

下面介绍一种将防守方吸引到近端，实际瞄向远端的套路。下页图中的 1~4 号队员要做的不仅仅是向球门跑动，他们还有几个任务要完成。首先，将盯防自己的对手引开，让他们远离远端。其次，可行的话，1 号队员跑到自由人前面。这样可以阻挡他的动作，即使己方发出的角球很短，也可以避免被防守方解围。

其他球员要策应射门的球员

接下来，3 号和 4 号队员有一个重要的任务，是阻挡盯防 5 号的防守方球员。虽说是阻挡，但不用做容易犯规的身体上的阻拦，只要在他们面前交叉跑动，挡住他们的视线，完成掩护 5 号的任务即可。1~4 号队员要努力给对方留下一种要自己射门的印象，而实际上是帮助 5 号摆脱防守，让他自由射门。

5 号为了麻痹防守方，开始时可以站在远端的外侧。当整个战术开始实施了，再观察着球的动向，伺机而动。

角球进攻的套路③

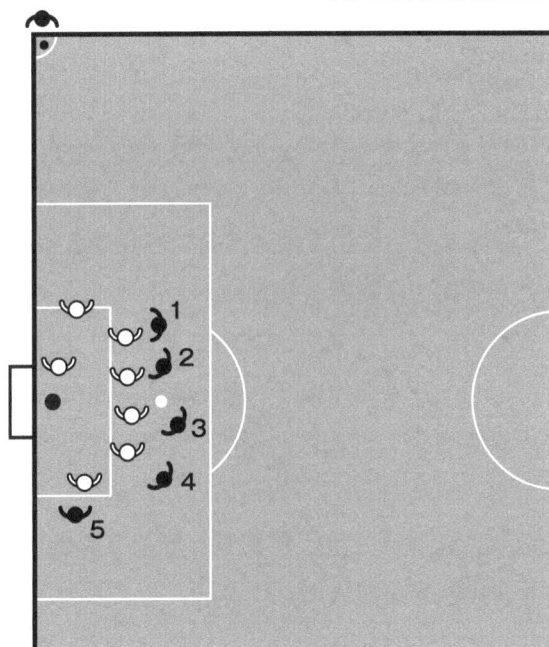

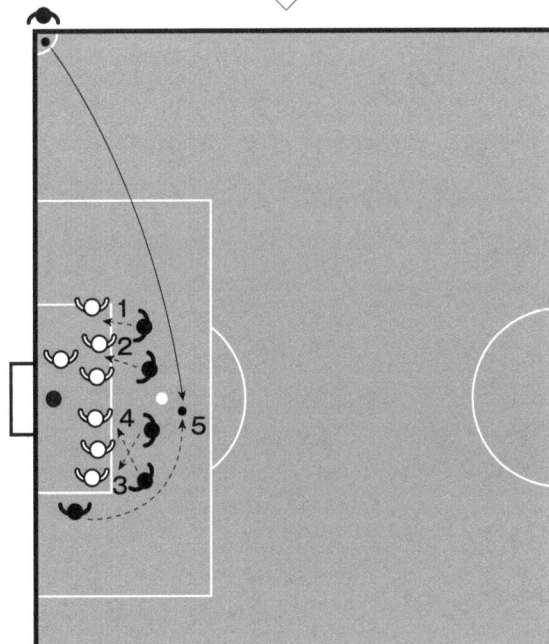

最初球门前布置四个人，5 号球员站在原地，做出"自己不会跑动，只是站在这里防止漏接球"的姿态，麻痹对手。其他队员则做出"自己将要踢出决定性一球"的姿态，同防守方争夺位置。角球发球员开始助跑时，1~4 号以全力攻门之势开始向球门方向跑动。

向球门跑动的队员将防守方球员吸引向球门近瑞。像 1 号和 2 号一样笔直向前冲也可以，但像 3 号和 4 号那样交叉跑动，更具迷惑对方的效果。使用这个套路要将 5 号解放成自由人，因此 3 号和 4 号在交叉跑动吸引盯防的同时，还要阻挡盯防 5 号的防守方球员。5 号迅速跑位，在自由的状态下接过球。

！要点

1~4 号的任务不是跑动到位就结束了，之后还要注意门前的状况，准备补漏。

直接任意球的防守

这一节介绍对方在己方罚球区附近获得直接任意球机会时，己方如何组织人墙进行防守。人墙从近端门柱的方向开始直线延伸，一个人站在人墙外侧，人墙要避免出现缝隙。

▌集中注意力，迅速组成人墙▐

不管是直接任意球还是间接任意球，罚球区附近的任意球都要用人墙防守。人墙人数视任意球的位置而定，指示由门将发出，其他球员迅速进行准备。有时进攻方会趁己方尚未准备就绪迅速开出球，所以己方要集中注意力，镇定应对。

出现犯规时，裁判员会吹哨示意暂停，但是进攻方可以马上开始继续比赛。等到裁判第二次吹哨，比赛才真的暂停。进攻方必须等裁判再次吹哨才能继续比赛。也就是说，当裁判第一次吹哨时，比赛仍在继续，这时己方绝不能松懈。等第二声哨声响起，才可以从容组成人墙。

▌视情况决定球队战术▐

人墙不能有缝隙。当进攻方射门时，如果要起跳就好好跳。要注意有时进攻方射手会瞄准人墙脚下的空隙，特别是场地比较滑时，射手更倾向于选择低弹道射门。防守方可以以地滑程度作为标准，场地较滑则不起跳。

如果断定对方不会直接射门，而是要向球门前横传，给对方制造越位陷阱也是一个不错的战术。

应对任意球时排人墙的方法

这是应对直接任意球时排人墙的方法。由门将发出指令。首先将球的位置和近端门柱连成一条线，在这条线外侧布置一人。人墙的人数视情况而定。事先决定在开球的瞬间由谁冲上前去。要注意，进攻方不一定会直接射门，可能会做出假动作。尽可能将防线向前推，迫使对方远离球门。

！要点

为了避免进攻方从外侧绕过人墙攻门，己方必须在外侧布置一人。不能一切全指望人墙，门将应当保证自己的视野。

检查要点

将身体挤在一起，避免空隙

人墙可由身高较高的队员组成，如上图所示从右边开始由高到低排列。球员要将身体紧紧挤在一起，绝不能有空隙。如果对方射手脚法优秀，可能会直接瞄向人墙的空隙。

另外，进攻方为了引开门将视线，有时会在开球的位置布置两人，经过一次短传后再射门。因为直接任意球是从进攻方触球的那一刻开始的，所以己方布置的要冲上前的队员要时刻做好准备，在对方触球的一刹那迅速冲出，将自己的身体"扔"出去，破坏对方的射门。

直接任意球的进攻

在对方半场获得直接任意球机会后，由发球者判断是否可以直接射门。如果判断可以直接射门，最好采用多个人假装开球的方法，使对方门将无法判断防守目标。

遮挡门将视线，降低门将反应速度

在防守方严阵以待、门将状态良好的情况下，除非射门非常精准，否则很难进球。相反，若能在防守方阵形成型前开球，进球的概率会大大提高。相信很多人都看过进攻方在防守方组成人墙的过程中直接进球的场面。这种行为是规则允许的。（参照下页图）

如果开球前已经消耗太多时间，防守方已经完成人墙，那么可以设法使对方门将无法集中注意力。比如两个人站在开球位置使门将难以判断谁来开球，将球带出门将视线范围，进攻方球员占据人墙前的位置或者直接插入人墙遮挡门将视线等。如果门将看不到发球的位置，反应就会变慢。等球进入视野再去应对可能就晚了。进攻方应采取此类措施，削弱对方门将防守能力。

一定在后方留人，防备对方反击

进攻方在对方人墙前布置队员时，要特别注意提防对方的反击。如果任意球打到人墙或丢球，布置在人墙前的球员会来不及做反应。如果防守方趁机反攻，进攻方将不得不在人数劣势下进行防守。使用直接任意球等定位球战术时，一定要在后方留2~3个人。

在对方人墙中插入己方队员

门柱和球之间的延长线,是防守方的防守重点。如果门将选择在近端组成人墙,他自己一般会站在远端门柱的位置。也就是说,像左图这样,己方一人插在对方人墙中,在开球的瞬间开始跑动。这时对方人墙会产生空当,进攻方迎来了射门机会。这个动作会让门将的注意力向近端倾斜。

让对方搞不清由哪个球员开球

在球的位置部署两人,让对方无法确认由哪边球员开球。先助跑的球员可以做出假动作吸引对方门将,真正的开球者之后瞄准反方向开球。此外,己方球员占据人墙前的位置,阻挡对方门将的视野,也是一种有效的做法。如果看不到发球的位置,门将的反应速度就会变慢。

检查要点

在防守方准备好之前迅速开球

如果能在防守方准备完成前迅速开球,进球率会比较高。裁判吹哨示意犯规到他下一次吹哨之前,进攻方都可以继续比赛。因此,进攻方应当迅速将球放好并开球。

如果耗时过长,防守方会组成人墙严阵以待。所以进攻方应当在裁判第二次吹哨确定比赛暂停之前,迅速开球。但是要注意,不能快到己方队员反应不过来。如果进攻方没有做好准备,提前开始也没有意义。

这节介绍一种间接任意球攻门的暗号进攻战术：装作发球员的进攻方球员吸引对方后卫，其他队员趁机进攻防守方的空当。

将对手引开后，利用他留下的空当

间接任意球不能直接射门，射门前必须有其他球员至少触球一次才行。有很多种套路符合上述要求，而比赛中突发奇想踢出的变化球往往很难成功。想要成功攻门，事先必须不断练习，熟悉球和人的配合，提高动作精度。

进攻方应努力打破防守方阵形的平衡，如果防守方人墙完成，那就想办法让人墙产生空当，让己方球员插进去等。有一种套路是插进人墙的进攻方队员配合发球员的助跑向人墙后方跑动，发球员一记短传将球送到他脚下，由此展开进攻。跑向人墙后的球员要注意避免越位。

协调一致，压迫越位线后退

这里介绍的例子是己方球员压上，将对方越位线向后压的一种进攻套路。站在球前的队员做出要开球的动作，实际上轻轻触球之后就继续纵向跑动。对方很可能被这个动作引诱，致使越位线后退。但是，如果纵向跑动过早，或是跑过越位线时没有向开球者要球，防守方队员可能不会跟上来。纵向跑动的球员必须和开球者协调一致，配合默契。

如果时机把握准确，成功诱使对方跟上，防守方阵形就会出现空当。别的队友可以跑动到这个位置，向开球者要球。传球成功的话，该球员就可以单刀攻门了。

间接任意球的进攻套路①

上图是压迫越位线后退，制造空当的套路。两人站在球前，其中一人纵向跑动吸引对手。另一名队员从中央插入之前造出的空当，开球者向空当位置传球，第三名队员直接突破，单刀射门。如果最开始纵向跑动的队员无法成功吸引防守方球员，则无法产生空当。要点是压迫越位线后退，射门的队员要在人墙后面接球。

！要点

己方若动，对方一定也会动。大家要通过反复练习熟悉这个战术中球和球员动作的套路，提高动作精度。

▎队员相互配合，摧毁对方防守▎

采取这个进攻方式时不能只有球周围的球员在动。所有球员要默契配合联动，有效摧毁对方防守。注意不要做多余的动作妨碍己方进攻。通过平时的练习，大家要理解每名球员和球该如何运动。一旦在比赛中得到间接任意球的机会，大家一起决定采取什么样的战术。这样，每个球员才能顺利完成自己的任务。

间接任意球的进攻套路②

这节介绍的暗号进攻战术的要点是欺骗对手。装作开球者的队员还要做出要球的姿态，目标是让队友摆脱盯防，自由射门。

打破思维定式，创造自由射门的机会

这个例子是在球门正面发间接任意球的进攻套路，由一个对手意料之外的球员来射门，因此关键是如何让这名球员摆脱盯防，获得射门机会。由擅长中距离射门的队员来承担这个任务是比较合适的。

两个人站在发球位置，一人离球有一段助跑距离，另一人在球附近。这时，防守方会认为离球较近的球员会轻轻触球，距离较远的球员会冲过来射门。

制定定位球战术时，站在防守方的立场上思考十分重要。要在"对方会这样想，那我们反其道行之"的大方向下设计进攻方式。

离球有一段距离的球员直接纵向跑动，并做出要球的样子，吸引对手注意。在球附近的球员做出给纵向跑动的队员传球的姿态，实际只做出一个小横传。此前一直装作若无其事的后方队员接过这个传球射门。

真正要射门的球员要做好准备

间接任意球的要点在于，不让对手知道究竟会由谁来射门。因此，真正要射门的球员开始时要做出一副与己无关的姿态，假装自己待在后方是为了防备对方反扑。实际上，他要认真确认人墙和门将的位置，为中距离射门做好万全的准备。

间接任意球的进攻套路②

该套路由完全没有受到对方盯防的第三名队员射门。球前站两个人，其中一人做出要开球的假动作，实际上向前跑动。此时，防守方的注意力被该球员吸引。之后，球旁边的另一名球员做出要向前传球的样子，实际则是一记横传。最后由之前若无其事待在后方的队员迅速跑动到位，完成中距离射门。

！要点

横传要传到人墙外侧，保证射门路线。射门队员要提前做好准备，但不能引起对手警觉。

当队友的一系列动作成功牵制对手防御力量后，第三名球员瞄准球门完成中距离射门。要注意避免球碰到人墙，给对手反击的机会。

▌如果对手迅速做出反应也可改变战术 ▌

如果对手反应迅速，使己方射门路线被阻挡，可以将球传向人墙后方，由刚开始纵向跑动的那名球员接球。该球员的任务不仅是纵向跑动，还要时刻准备接球。具体来说，是要留意越位线的动向，在避免越位的同时，抓住时机向内突破。

界外球的套路（一）

在己方半场深处得到界外球的机会并不值得高兴。这节介绍的战术可以让己方在不利的界外球条件下，有效将球送到对方半场。准确性非常重要，因此实施该战术时要稳重。

在危险的区域内使用稳妥的战术

只要在己方半场丢球就很容易丢分，这一点需要提高警惕。特别是掷界外球时要避免丢球，因为掷界外球的队员站在边线外，场内己方人数处于劣势，若此时被对方夺球反击会非常危险。

但是，正因为处在己方半场深处，对方会对己方施加很大压力。特别是纵向传球路线上的队员会受到非常严密的盯防。经常出现的情况是界外球掷出后，接球队员向后方回传，但是回传的球被对手拦截，让对手打起反击。

处在危险区域时，防守方应采取比较稳妥的战术。比如经过几次简单的传球后用长传将球送到前方，会比较稳妥。总之尽快使球远离己方球门。

充分考虑接球者的情况，传出合适的球

向前掷出界外球，接球者直接回传，由后方的队员开大脚。这样的战术很简单，但如果掷界外球时不能稳稳地将球扔到接球者脚下，接球者很难迅速回传，之后的一系列行动也无从谈起。万一球偏离接球者脚下，很有可能被其身后的对手夺取。因此掷界外球的队员一定要充分考虑接球者的惯用脚等因素，掷出合适的球。

界外球的套路①（己方半场）

在己方半场深处掷界外球其实并不麻烦。虽然对手会竭力抢断，并且一旦丢球就会令己方陷入困境。但我们只需要将球纵向掷入，接球者直线回传，后方的队员再将球向前长传即可。要注意将界外球准确地扔到接球者可以直接回传的范围内。

！要点

掷界外球的队员扔出球后迅速回到场上，若自己有向前带球的机会也可以自己来踢。动作一定要迅速。

掷界外球时避免犯低级错误

接球者接到界外球后，要准确回传，避免犯下直接踢出边线或球门线这样的低级错误。为此，最初掷界外球的准确性也很重要。

观众们可能经常见到掷界外球的队员回到场内迅速送出直线长传，但这并没有大家想象得那么容易。不过，如果附近对方人数较少，己方有充分的时间实施战术行动，也可不慌不忙地以同样较少的人数进行应对。

界外球的套路②

在对方半场深处得到界外球的机会，对进攻方来说是绝佳的进攻良机。这节介绍两种以界外球创造攻门机会的套路，请勤加练习加以掌握吧。

日本队对战伊拉克队时成功进球的套路

下页上图展示的是日本队在对手半场获得界外球机会时常用的战术。一个成功的例子是 2012 年 9 月 11 日在埼玉体育场进行的日本队对伊拉克队的那场比赛（2014 年世界杯亚洲区最终预选赛）。日本队得到了一个右侧界外球机会，冈崎慎司沿球门线横向跑动绕后，驹野友一准确地将球掷给了他。得到球的冈崎慎司向球门前横传，跑动到位的前田辽一在近端门柱头球得分。

掷界外球的队员要配合接球者的动作

接界外球的队员动作应当有缓急之分，从站立不动的状态到瞬间启动全速奔跑，冲向对手后方。掷球者看到这个动作后将球掷给接球者。要注意不要犯直接把球扔出球门线等低级错误。

下页下图所示的战术，也需要掷球者和接球者配合默契才能实现。接球者掌握主导权，在和对手纠缠的过程中，他要迅速抓住时机抽身。掷球者要关注场上动向，配合场上球员的动作将球掷出。

不管采取哪种界外球战术，掷球者都应避免掷出接球者难接的、容易丢的球，尽力掷出接球者接到后可以迅速展开下一步行动的球。

界外球的套路②（对方半场①）

开始时位于罚球区附近的己方队员向己方半场防线后退，引诱防守方队员跟过来。之后事先确定的接球者从边线向球门方向跑动，掷球者将界外球抛出，使其越过防守方队员头顶，落到接球者前方。接球者开始时在边线旁若无其事地站着，当防守方中间出现空当后，迅速以最高速度向目标位置跑动。掷球者将球掷向接球者前方，避免扔出球门线。

界外球的套路③（对方半场②）

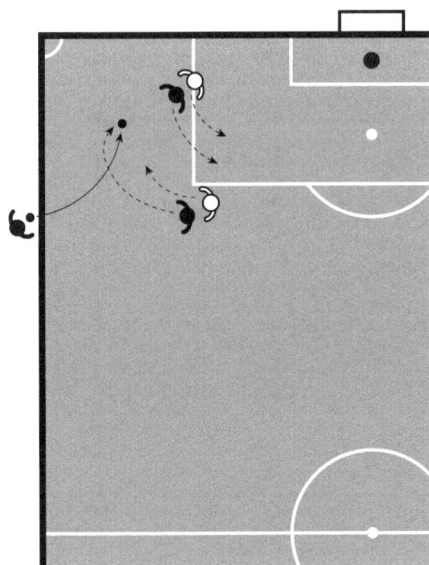

有可能接球的两名队员交叉跑动，迷惑防守方。不管哪位队员先动，都会在那个位置制造空当。掷球者将球掷给跑动到空当处的队友。也可以开始时两个队员互相接近，然后同时开始反向跑动。掷球者配合接球者的动作，准确将球掷出。如果判断和动作过慢，接球者会再次被盯上。掷球者应注意接球者的动作，配合接球者的节奏，而不是按照自己的节奏投掷。

编者的观点④
给成长期的球员看高质量的演示

练习的目的和目标有时很难用语言传达，不管进行何种练习，最好有人来进行演示。

通过观看教练和前辈们的演示，孩子们可以迅速理解练习的目的和目标，并且会跃跃欲试。这样能让他们迅速消化刚刚看过的新战术、新技术。

成长期的球员就像海绵一样，对新事物有非常高的接纳能力，通过模仿优秀球员，他们会迅速成长起来。

有时由于种种原因，教练可能自己无法演示。建议他们在训练时找一些老学员，根据我个人的经验，训练时带着老学员，球队成长得相对较快。一同训练时，成长期队员可以对前辈进行模仿，向他们挑战。感受教练和老学员们的交流，对孩子们来说也是一种很好的刺激。

努力解决复杂问题，了解大人的世界，这样孩子们也能更早自立，在不知不觉中成长起来。

CHAPTER 5 第5章

边后卫的基本
知识和战术

边后卫的任务和基本要求

现代足球中边路攻防极大左右着比赛的胜负，因此边后卫有多重任务。一个理想的边后卫应在承受极大防守压力的同时仍能保证不丢球，进攻时能完成纵向突破，能够踢出准确的横传。

组织进攻时球常会经过边后卫

球队组织进攻，用一次次传球将球送往球门的过程中，球总会经过边后卫的位置。对手也会明白这一点，因此在现代足球中，边后卫经常要承受很大的压力。没有杰出的控球能力，没有在最终进攻时面对对手围攻仍保证不失球的高超技术，是做不了边后卫的。

在此基础上，边后卫还要有很强的纵向突破能力，并且能踢出准确的横传、准确的最后一脚传球。通常防守方都想在边路夺球，而进攻方也常常将边路作为进攻的起点，因此在现代足球中，边路的攻防是左右胜负的重要因素。

发现危险时迅速发声，寻求团队合作

虽然进攻很重要，但防守仍是边后卫的第一要务，保证不失分很重要。因此边后卫要保持视野开阔，纵观场上整体情况，根据情况做出决断。

在比赛中，边后卫不仅要盯着自己所在边路的对方球员，当球门前有危险时，他还要迅速向中央靠拢，观察带球的对方球员，猜测他的意图。边后卫要时常思考球会传向哪里，还要与队友沟通，寻求团队合作。

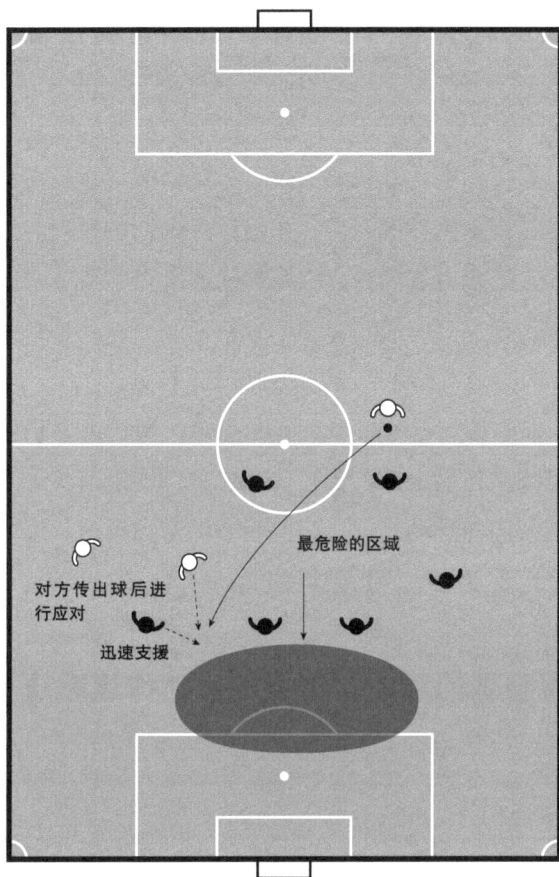

也要关注最危险的球门前区域

各位置的队员要守好自己负责的区域。左边后卫站在阵线左边，防止对方利用自己身后的空当。如果门前区域被突破，很容易失分，因此支援中后卫也很重要。

图中标注：

- 最危险的区域
- 对方传出球后进行应对
- 迅速支援

！要点

保证球门不失重于一切。若是球门前出现了无人盯防的对手要迅速补位。

进攻重要，防守更重要

　　在边路被自己的防守对象引诱，和中后卫之间产生空当非常危险。当然，若对手有边路传球的意图，必须严密盯防。但这也要视场上情况而定，若对手试图从两名中后卫之间突破，球门前出现防守漏洞等，应果断支援中央。

　　保持靠前的位置参与进攻很重要，但是对边后卫来说，保证球门不失更重要。在防守边路的同时，还要关注最危险的球门前区域，必要时支援中后卫。

边后卫的防守（一对一）

防守是边后卫最重要的任务。中后卫也一样，在一对一的情况下绝对不能输给对手。这节介绍在一对一的情况下边后卫应如何应对。

预测对手下一个动作，占据有利位置

一对一的攻防在对手接到传球之前就已经开始了。重点在于认真观察传球者，比如惯用脚是左脚还是右脚，传球准不准，和接球者之间的距离、角度等，综合上述因素，应该能判断出对手接下来的动作。

同时必须思考自己该如何应对。

如果传球者和接球者距离很近，而边后卫仍然慌忙跑向他们之间的话，传球者很可能迅速传球，并继续向前跑动，向边后卫后方的空当突破。边后卫一定要避免对手利用这种方法甩掉自己。

观察球的动向，不要被假动作迷惑

有一个防守的基本要求是瞄准对方停球的瞬间抢断。但是，如果动作做得过早，可能被对方晃过去。正确的做法是确定好自己行动的方向，让对手先接到球，然后在球即将从他脚下离开时迅速上前。

如果对手接到球，进入一对一状态，那就要注意避免被对方的假动作迷惑。对手肯定会使出浑身解数来动摇边后卫的防御，边后卫在应对的同时要盯紧球的动向。

边后卫要避免双脚并拢，要放低重心，和对方保持最佳距离。在球稍微离开对手脚下时，迅速抢断。

视对手和球的角度决定自己的行动

当对手在边路接到传球，若他和传球者之间没有角度，为了防止对方纵向突破，边后卫应按照A的路线向接球者靠近。如果接球者和传球者之间有角度，那么为了防止对手迅速向球门突破，应按照B的做法，待在原来的位置。此时若向对手压进，对手可能会向己方身后传球、突破。

视对手和传球者的距离决定自己的行动

不仅要注意接球者，还要注意传球者。若是两人间距离较远，则按A的做法，在球传出后，拉近距离。若是两人距离较近，接球者接球后可能迅速再次传球，突破至边后卫后方。因此当接球者身边有对方球员支援时，按B所示待在原地。

检查要点

若传球有角度，就待在原地不要拉近距离

当接球者和传球者之间是一条纵向的直线时，可以向接球者靠近。此时接球者无法纵向突破，只能回传、向中场带球或是将球传到别的位置。边后卫应与之保持合适的距离，以便对上述情况做出及时反应。判断已出现抢断的时机时，迅速进行抢断。

如果接球者和传球者之间有角度，则应保持合适距离待在原地。此时若强行靠近，很可能会被对手抓住时机成功突破。边后卫应判断对方接下来究竟是要纵向突破，还是要向中央突破，由此做出合理应对。

边后卫的防守（站位）

本节介绍当对方队员在另一侧边路带球时，边后卫应该抢占怎样的位置。边后卫必须时刻根据场上情况调整自己的站位，当然其他位置的球员也一样。

侧身的同时不断微调，控制与对手的距离

边后卫要时刻注意自己同中后卫的间距，间距过大则拉近距离，间距过小则拉远，像手风琴一样。在边路和对手一对一对峙时，不要僵硬地正面朝向对手，不然可能遭遇穿裆球。正确的做法是保持侧身并不断微调，与对手保持合适的距离，确保球离开对手脚下时自己能迅速抢断。

自己所在的边路不能被突破，不能让对手从你面前向禁区前传球，这是对边后卫的基本要求。此外，边后卫还要在必要时向中路靠拢，支援中后卫。特别是当对手从另一侧边路传中时，边后卫必须关注传球者和可能接球的对方球员，抢占合适的位置。

对手从另一侧边路传中时，向禁区靠拢进行应对

当另一侧边路的对手传中时，可能会有一名对方球员向己方边后卫和中后卫之间冲刺，本来边后卫应当盯防的那名球员，此时应该在那名冲刺球员身后。这时边后卫应果断跟防向禁区冲刺的那名球员，最危险的对手最优先。

如果对手无人试图向禁区突破，边后卫站在略高于越位线的位置即可。不管什么时候，处在靠前的位置都更容易实施抢断，并且当己方实施反击时也更容易得分。

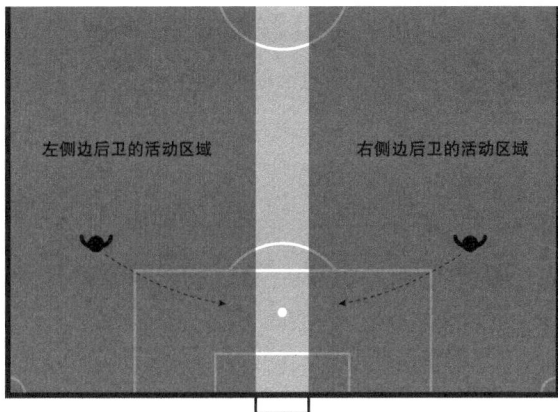

边后卫的基本活动范围

门前有危险时就向中央靠拢，特别是当对手从另一侧边路传中时。但要注意，向中路靠拢过多，自己那一侧就会出现防守漏洞。所以一般边后卫的活动范围是边线到自己这一侧的门柱之间。当然必要时也可以离开这一区域进行补位。

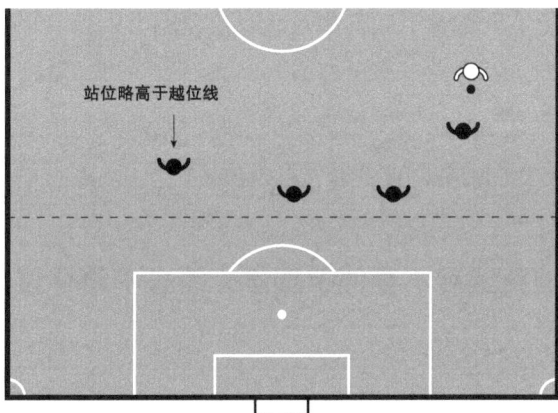

左侧边后卫的活动区域　　　右侧边后卫的活动区域

在防线上的位置

当另一侧边路的对手传中时，占据略高于越位线的位置。向远处传中的球滞空时间较长，可以在球传出后再做应对。若对手选择向近端门柱传球，中后卫可以选择全线压上，制造对方越位。

站位略高于越位线

检查
要点

球门不失重于一切

　　边后卫首先要保证自己所在边路的防守，在一对一时不输给对手，也不能让对手传中。但最重要的还是保证球门不失。因此，当禁区出现危险时，应迅速向中央靠拢。

　　当另一侧边路的对手传中时，要认真观察传球者和试图跑向禁区的对手，去自己认为最危险的地方补位。向远处传中的球滞空时间较长，占据略高于越位线的位置即可。此时，要注意跑向自己一侧中后卫身后，和跑向自己前方的对方队员。

第5章 边后卫的基本知识和战术

边后卫的防守（补位）

边后卫要做的不仅仅是保卫自己一侧的边路。最优先保护的应是球门，因此必须根据场上形势，在需要时迅速去中后卫的位置补位。

边后卫要和中后卫联动，有时还要交换位置

如果己方球员都能在一对一时战胜对手，那当然是最好的，但这很难实现。很多时候己方不得不在人数劣势下迎敌。因此，重要的是遭遇不利情况时该如何应对。

边后卫常遇到被纵向突破又追赶不上对手的情况。这个时候就需要中后卫来支援。接下来边后卫不能呆呆看着中后卫和对手对决，因为中后卫来支援后，中路肯定会出现空当，需要有人迅速补位。边后卫要做的不仅仅是保护边路，他必须和中后卫紧密合作，在必要的时候互换位置。

被突破后不要停下脚步，要去中路补位

如果是在比较靠前的位置被突破，边后卫可能缺乏危机感，会停下脚步。有时边后卫也会因为信赖前来补位的中后卫的能力，而停下脚步。但是自己的位置被突破后必须负责任地回防，即使后方队友的能力值得信赖也要回防。

下页图所示是去球门前补位的例子。若中场球员已经在球门前进行掩护，边后卫可以直接向带球的对手追去，同中场队员一起在人数占优的情况下将球夺回。

中场进行补位，边后卫向中央靠拢

对手在边路带球，边后卫向他逼近后，对方的队友迅速上前。之后对方通过流畅的连续传球，突向边后卫后方。而边后卫的动作跟不上对手的节奏。

边后卫被突破后，中后卫上前补位。被突破的边后卫不要停下脚步，迅速代替中后卫回到中场。不能因为被突破就停下脚步。中后卫补位会令中央产生漏洞，边后卫必须补上这个漏洞。

被突破也不要放弃拔脚回防

以上不仅限于边后卫，任何球员被突破后自身的应对都很重要。如果迅速追赶对手能追上，那就追赶。如果自己已经来不及追赶，而附近的队友能来支援，那就在队友来支援后补上队友的位置。防守时，队友间的互相帮助很重要，如果一个人被突破，最好队友互相掩护进行应对。

最不好的现象是球员被突破后就停下了脚步。即使边路丢了，只要守住禁区就能保证不丢分。所以即使被突破也不能丧失斗志。

第5章 边后卫的基本知识和战术

边后卫的防守（传中）

这节介绍对方传中时边后卫的防守方式。不管是自己的边路被突破，还是对手从另一侧边路传中，防守时都要根据情况做出自己的判断。

截断传中，用最短的路线阻断球路

在自己的边路攻防时，球员要紧跟住对方的球，不给对手传中的机会。边后卫必须意志坚定地阻止对手带球突破或者传中。

要防止对手传中，就要注意不能被对手的假动作迷惑，要紧盯球的动向。如果球开始动了，就迅速抢断。

如果球被踢向自己身后，已经追赶不及，就瞄准一个可以阻挡对方传中的位置，以最短路线向该位置移动。与其去追已经很难追到的球，结果被绕过，不如优先防备对方传中。

若对手从另一侧边路传中，则向中场靠拢进行应对

当对手从另一侧边路传中，球员应拉近和中后卫的距离，向中场靠拢。如果对方使用普通吊传等方式向前方传球，边后卫应站在比越位线略靠前的位置。因为对手若冲向近端门柱，己方中场只要带领大家集体前压，就可以制造越位。因此边后卫要避免错过这一集体行动，一个人留在后面。如果对手向远端门柱传中，绝不能让球从自己面前经过。要事先找好合适的位置，断球解围。

自己一侧边路被突破时的防守方法

对手向边后卫身后传球并突破。如果能把握时机及时抢断当然好，但是很可能来不及。这时，要以最短路线阻断球路。或者全速向中后卫靠拢。

应对另一侧边路传中的防守方法

保护球门前最危险的区域。优先盯防图中的 1 号队员，因为带球的对方球员若想传给 2 号，球的滞空时间会比较长，在球传出后再行应对也来得及。其次，因为中场可能会选择将防线整体向前推，边后卫要站在稍微靠前一点的位置。

2 1

检查
要点

同时对上两人时，优先盯防靠近球门的那个

　　自己的边路被突破时，首先要全力追赶，阻止对方传中，但是有时会来不及。此时不能就此放弃，应全力跑向对手可能的传中球路，冲上去用身体阻断球路。但若对手使用下底传中，其传球成功的概率仍然很大。

　　如果对手从另一侧边路传中，边后卫应优先盯防此时离球门比较近的对手。若传中是传向远处的对手，滞空时间会比较长，且这名对手离球门也远，可以从容应对。

叠瓦式跑动的时机

参与进攻也是边后卫的一个任务。边后卫跑位不能胡来，必须根据前方队友的状态和自己身前是否有空当等情况，拿捏好时机再选择接下来的行动方向。

配合前锋的行动，快球传中

边后卫参与进攻时应该采取怎样的战术？带球时应该迅速向前突破，还是等待队友的支援？突破对方边路后，应该传中，还是自己向内切入完成射门？为了避免在进攻中途被对方打断，在参与进攻前边后卫必须有清晰的思路。

一种理论是，若边后卫在边路带球，且前锋处于对手最后防线附近，应迅速传中。因为防守方很难一边去球门方向回防一边处理传中球。若配合前锋的行动，瞄准对方门将和防线之间快球传中，一定能攻门。

注意传球者的动向，毫不犹豫参与进攻

当自己前方出现空当时，若带球队友没有传球的机会也没办法，并不是自己状态良好就能进攻。请认真观察带球队友的动向，如果判断他这时肯定能传过来，则不要犹豫，迅速向前跑位。

接到传球后，若对方边后卫和中后卫之间距离较大，自己有机会带球向内切入，形势就比较有利了。因为能支援对手边后卫的球员距离较远，若能过了这名对手，就能得到很好的攻门机会。

不管采取哪种战术，都要迅速行动。若是因为优柔寡断，球被对方夺走，遭到反击就不好了。

若己方前锋在对手后卫附近则传中

观察前锋的动向，若前锋与对方后卫处在同一水平线上，则迅速传中。此时向前突破的前锋肯定比一边后退一边试图解围的对手有优势。若前锋的行动较慢，也可以向前带球，等待队友跑动到位。

若是没有空当就用二过一突破

如果没有机会传中，也无法自己带球突破，但有队友靠近过来支援，可通过连续短传二过一突破。先在边路带球，将对手边后卫吸引过来后再实施二过一。

反击后向远端门柱传球

边后卫参与攻击时，要传中就传中，要带球突破就带球突破，不要犹豫，不然可能被对手包围，甚至被抢断。

假设己方发动反击，突破到对方半场深处。这时带球的边后卫应该向远端门柱的方向传中，因为此时防守方的视线通常朝向球的位置或近端门柱，对远端门柱方向的戒备比较薄弱，此时边后卫配合前锋的跑动准确传中，可以形成攻门机会。若在突破时消耗时间过长，对手逼近，就将球传向另一侧。

叠瓦式跑动的套路

这节介绍边后卫在叠瓦跑动的套路。通常叠瓦式跑动是在对手的外侧跑动，但也有在对手内侧跑动的套路，掌握了这种套路可以有效增加边后卫的战术储备。

不断练习，提高传中的质量

边后卫参与进攻有许多方法，进攻时对时机的把握很准，但传中质量很差，也很难得分。跑位和时机很重要，最后一脚传中的准确性也很重要。要提高传中质量，只有平时苦练。

包括敌我位置、传球路线、传球的力度等，在比赛中不存在完全相同的两个传中球。即使同样是从外围进攻，传中球的种类也要视助跑的速度、角度等因素而定。

在什么样的情况下，能踢出怎样的传中球，要做出准确判断需要事先不断练习，为自己积累数据。这样在比赛中需要传中时，可以回想起"那时是这样踢的"，自动导出过去的成功事例。在能够自如踢出自己需要的传中球之前，大家需要不断地练习。

学习从内侧进攻的方法，增加战术多样性

如果进攻战术单一，很容易被对方识破。有机会时，可以尝试下页插图所示的内侧进攻的战术。即使不成功，也能以战术变化迷惑对手。

从边后卫和中后卫之间突破，与外侧进攻相比，接到传球时离球门更近。这个内侧进攻到射门的流程需要大家不断练习和完善。

从外侧进攻的叠瓦式跑动的基本移动方式

当球传向对方边后卫和中后卫之间时，从边线附近进攻。根据传球的势头、角度、禁区前的情况，决定是直线接近还是弧线接近。若是弧线接近，则略带弧线的传中更容易传过去，若是直线接近，则推荐踢直飞球。

从内侧进攻的叠瓦式跑动的基本移动方式

若进攻起点在边线附近，可以采用从对手边卫和中场之间突破的战术。攻入对方罚球区后，传球路线和射门路线都会受到限制。因此跑动到位停球时，要注意迅速向自己逼近的对方中后卫的位置。

检查要点

在日本从外侧进攻是主流，在欧洲和南美内侧进攻经常出现

　　日本边后卫参与进攻时，主流是选择走外侧。而在欧洲和南美，时常可以看到从内侧进攻的战术。从到球门的最短距离来看，从内侧进攻也很有效。但是走内侧的话，接到球后不管传中还是射门，都没什么可选的角度，因此对准确性要求很高。采用这种进攻方式，若球员没有很强的控球能力，向前突破接到传球后，接下来就难办了。

　　而从外侧进攻的话，有更大的发挥空间。但需要球员跑动的距离更长。在整场 90 分钟的比赛中，始终选择从外侧突破的话，无疑对体力要求更高。

写在最后

尊重同伴，保持谦虚的姿态，磨炼自己的个人能力

　　活跃在职业足球比赛中的球员们，无疑都是沉迷于训练的家伙。从孩提时代开始，他们就不断学习技术，不断练习，一天天成长起来。足球的世界不存在"早上醒来一下子就变厉害了"这种事情。他们不仅要完成每天的定额训练，还要带着"战胜昨天的自己"的意识，主动寻求更多、更久的训练。不这样沉迷于训练，很难在残酷的职业足球世界生存下来。

　　如果你非常想将一个技术融会贯通，那一定能找到方法。我19岁之前左脚脚法一直很差，因为想成为日本队的正式队员，所以每天都练习一百个传中球。练习的次数增多后，大脑和身体里自然而然会储备下成功和失败的数据。当比赛中需要传中的时候，就能回想练习时的成功和失败，随即进行调整，准确地将球传出去。坚持就是力量，练习到极致的技术将成为你个人能力的一部分，成为你的财富。

但是要注意，如果不能和队友有效合作，你的技术、能力都将失去用武之地。即使你向球门前送出高质量的传球，如果前锋没有跑动到位，这个传球也没有意义。不管个人能力有多强，若不和队友合作，既发挥不出自己的能力，也无法取得战果。如果说有成为优秀球员的捷径，那就是保持对同伴的尊重，保持谦虚的姿态，反复练习。

队友帮助自己发挥出实力，自己也帮助队友发挥，这样才有整个球队的力量。全体队员团结一心，战斗到最后，才会得到胜利女神的青睐。

我想，足球就是这样一种运动。

都并敏史

图书在版编目（CIP）数据

足球战术与阵形图解：思路解说、案例分析及训练
方法／（日）都并敏史主编；张大维，金丹译. -- 北京：
人民邮电出版社，2018.4
ISBN 978-7-115-47721-7

Ⅰ. ①足… Ⅱ. ①都… ②张… ③金… Ⅲ. ①足球运
动—竞赛战术—图解 Ⅳ. ①G843.19-64

中国版本图书馆CIP数据核字（2018）第002900号

免责声明

作者和出版商都已尽可能确保本书技术上的准确性以及合理性，并特别声明，不会承担由于使用本出版物中的材料而
遭受的任何损伤所直接或间接产生的与个人或团体相关的一切责任、损失或风险。

内容提要

　　本书是学习掌握足球阵形和运用足球战术的指导书。全书用图解的形式介绍了足球战术的基础知识、阵形和战术、
球队战术、定位球战术以及边后卫的基本知识和战术，是一本一看便懂、一学就会的足球战术宝典。书中除了有基本
足球战术的解说，还有具体的对团队战术和个人战术的讲解。如果你想在赛场上真正发挥出自己的实力，在修炼足球
技术的同时，也要学会运用足球战术。本书有助于足球教练、球员及足球爱好者提升足球技战术水平。

- ◆ 主　　编　[日] 都并敏史
- 　　译　　　张大维　金　丹
- 　　责任编辑　寇佳音
- 　　责任印制　周昇亮
- ◆ 人民邮电出版社出版发行　　北京市丰台区成寿寺路 11 号
- 　　邮编　100164　　电子邮件　315@ptpress.com.cn
- 　　网址　http://www.ptpress.com.cn
- 　　北京建宏印刷有限公司印刷
- ◆ 开本：700×1000　1/16
- 　　印张：16　　　　　　　　　　2018 年 4 月第 1 版
- 　　字数：200 千字　　　　　　　2025 年 11 月北京第 38 次印刷
- 　　著作权合同登记号　图字：01-2016-3950 号

定价：68.00 元

读者服务热线：**(010)81055296**　印装质量热线：**(010)81055316**
反盗版热线：**(010)81055315**